スレイマン大帝　個人蔵。　Alamy 提供

上：**プレヴェザの海戦**（1538年9月）　イスタンブール海軍博物館蔵。
Alamy 提供

枠内：海賊「赤鬚《ひげ》」・バルバロス　バルバロス=ハイレッディン-
ウフィツィ美術館蔵。　アフロ提供

スレイマニエ大寺院　イスタンブール旧市街にあるオスマン建築の傑作の一つ。 Alamy提供

ハレム（ハレミ-ヒュマユーン）個人蔵。　アフロ提供

新・人と歴史　拡大版　25

オスマン帝国の栄光とスレイマン大帝

三橋　冨治男　著

SHIMIZUSHOIN

本書は「人と歴史」シリーズ（編集委員　小葉田淳、沼田次郎、井上智勇、堀米庸三、田村実造、護雅夫）の『スレイマン大帝』として一九七一年に、「清水新書」の『オスマン帝国の栄光とスレイマン大帝』として一九八四年に刊行したものに、現在用いられていない歴史的名辞のほか、表記や仮名遣い等の一部を改めて復刊したものです。

はしがき

一六世紀のオスマン帝国が生んだ世紀の英主スレイマン大帝の事蹟や生涯の歩みについてはほとんどわが国では知られていない憾《うら》みがある。去る昭和三一年に『アジアの帝王』と題する書物が、東洋史学界の長老、植村清二教授によって刊行されたことがあるが、残念ながらこの書物にもふれられていない。かつて筆者は、イスタンブールに滞在中スレイマニエ大回教寺院《ジャーミィ》を訪れては前庭にたたずみながら、いつの日にか、このスケールの大きい帝王のキャリアをとおしてそのころのトルコをながめ、時代相や社会相をしるしてみたいと心にきめたが、万博のRCD館《パヴィリヨン》で、はからずもスレイマニエ博物館長のジャン＝ケラメティィリー氏とめぐり会い、一時間半に及ぶ話し合いの裡《うち》に、いよいよその思いはつのった。その思いを果たす機会が清水書院によって与えられたことについて深く感謝したい。執筆に当たっては、難渋《なんじゅう》なトルコ本国の史料はもとより、広く欧米の関係書冊を渉猟《しょうりょう》しながら、学問的に水準をくずすことなく、しかも興味がもてるよう、できる限り平易という点に主眼をおいた。できうれば史実の羅列に終わることなく、生気あふれた人間像と、その背景とを描写したいと思う次第である。

一九七一年三月　千葉にて　著者しるす

目　次

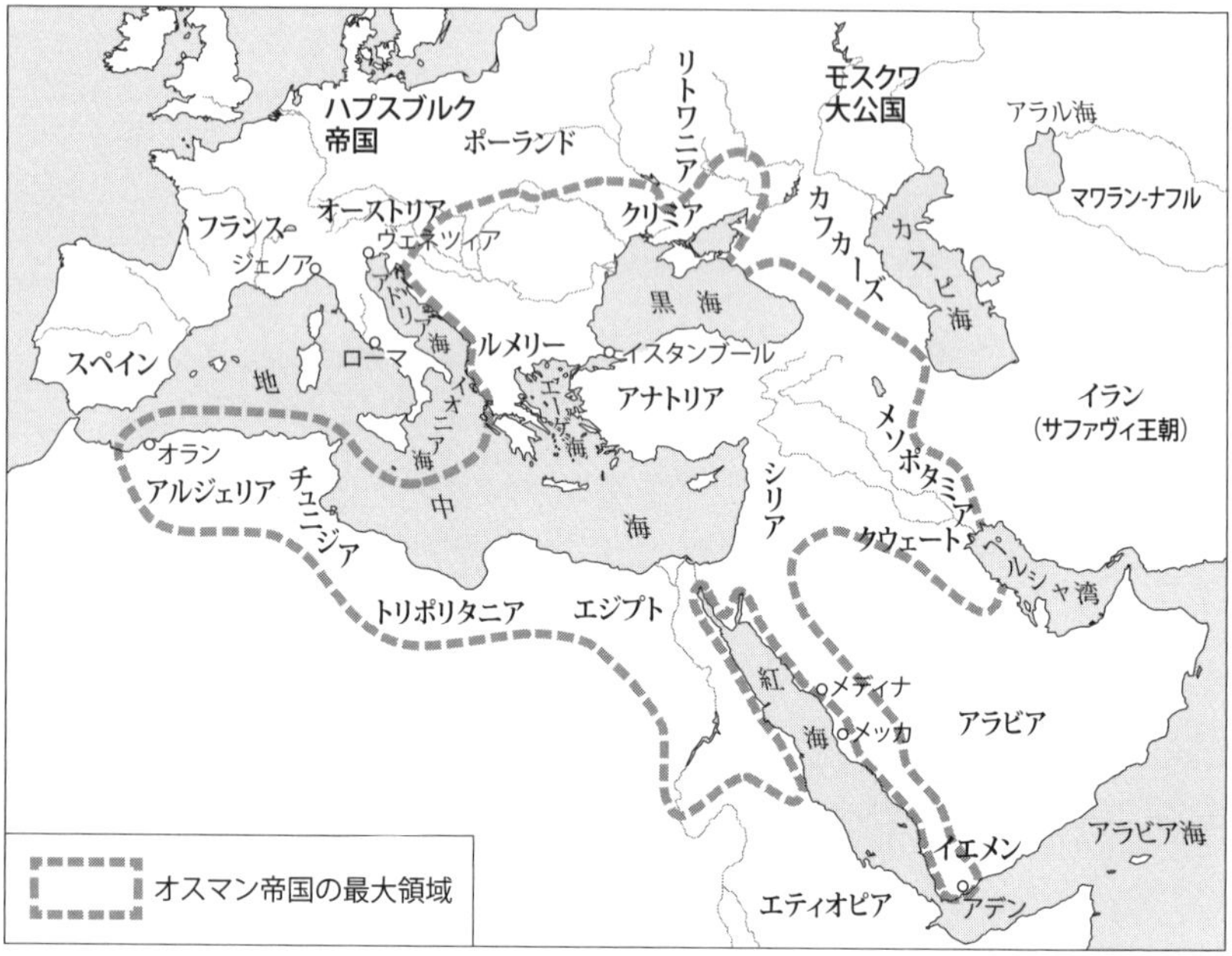

スレイマン1世時代のオスマン帝国

オスマン帝国下のバルカン半島

序章　イスラムの世界

❖世界史のなかの小アジア

日本列島、朝鮮半島、中国大陸などが形づくる極東地域をアジアの東玄関とすると、ボスフォルス〔ボスポラス〕海峡と、ダーダネルス海峡をもって一衣帯水《いちいたいすい》ヨーロッパに接触する小アジアは、アジアの西玄関に当たっている。実にアジアという呼び名も、この小アジアの地域に発祥している。

地形的にながめると、小アジアは〝肥沃《ひよく》なる三日月地帯〟の一角を形づくるメソポタミアを底辺として、地中海と黒海との間に突出する一大半島で、東部はティグリス〔チグリス〕・エウフラテス〔ユーフラテス〕の両大河の上源地に当たる重畳《ちょうじょう》たる山岳地帯である。その他の地域は、地形的・風土的に変化に富む魅力的な沿海沃野と、あたかも中央アジアの延長を思わせるような広漠として変化に乏しい内陸高原より成る。別名をアナトリアと呼ぶ。この呼び名は、古代ギリシア人が、この方面をアナドレと呼んだことに由来する。

ボスフォルス海峡　アフロ提供

アラビア人はビラート-アル-ルームと呼んだ。〝ローマの旧領〟というほどの意味であるが、それが詰《つま》ってルームという呼び名もある。

アジアの東と西とに位置し、はるかに地域を隔てる中国人は、史書のなかで魯迷《ルーメ》ないしは嚕密《ルーミ》という文字をあてはめて、この地域をあらわす用語としている（『明史外国伝』や『大明一統志』など）。わが国では、享和二年（一八〇二年）刊行の薩摩藩刊本で、石坂崔高作の「円球万国地海全図」などで、都尔古亜細亜《トルコアジア》「納多里亜」と音訳されて伝えられている。

ところで現行の歴史教育が当然責任を負うべき事がらであるが、わが国では小アジアないしアナトリアというと馴染《なじみ》がうすいと感ずる人も少なくあるまい。

理解を助ける意味で小アジアの沿海地域を例にとってみるとまずすばらしく景色がよい。ボスフォルス海峡とダーダネルス海峡の景観、それらの海峡にはさまれるマルモラ〔マルマラ〕海、さらにエーゲ海、地中海、黒海にのぞむ沿岸のどこを訪れても景勝の地が多い。トルコ人がお国自慢するのもけっして無理ではない。たとえばエーゲ海は大気が澄み

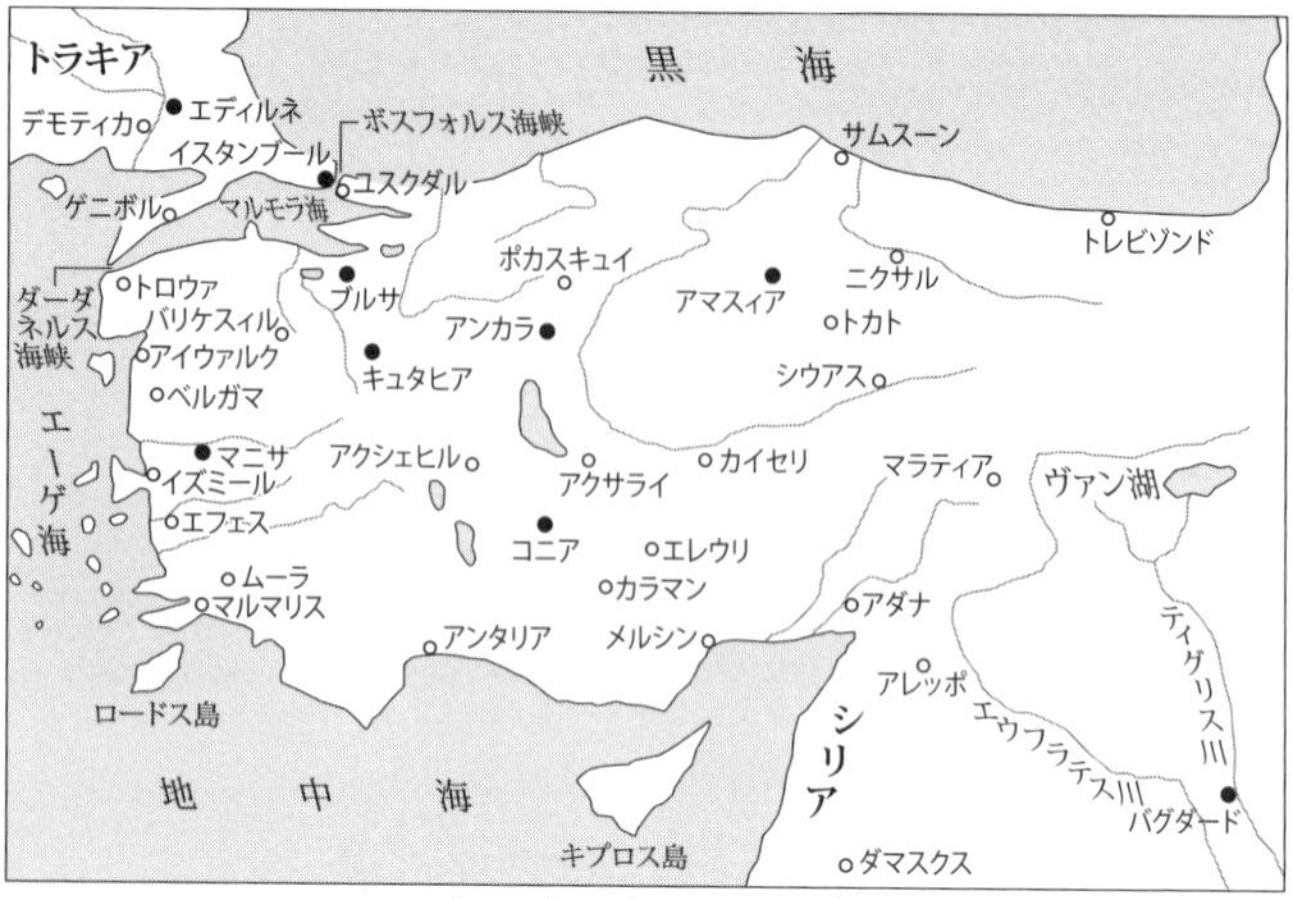

小アジア（アナトリア）

切っているためか、紺青《こんじょう》の水をたたえている。美しい入江と数多くの島影は一幅の名画にひとしく、とうてい松島湾の比ではない。トロウァ〔トロイ〕、ベルガマ〔ペルガモン〕、エフェス〔エフェソス〕のようなヘレニズム時代ないしグレコ-ローマ時代の雄大な史蹟も点綴《てんてつ》している。トロウァの遺跡はホーマの『イリアド』を思い出させ、今でこそ静寂にして典雅なエフェスの廃墟は、鸛《こうのとり》の巣をつくるにまかせてあるが、かつては、アレクサンドロス大王やジュリアス＝シーザー〔ユリウス＝カエサル〕、あるいはまた、クレオパトラのような世界史の名士が親しく訪れたという伝承をもっている。内陸部には初期キリスト教の遺跡も多い。聖パウロの郷里が小アジアであることを知っている人は、案外少ないのではあるまいか。

　さて、世界史上でも驚嘆に価するようなトルコ族の偉業に関心を寄せる者にとって、小アジアの半島を地理学的にトルコと呼び換えるほど、地縁的に深い関係をもつこの地域の歴史性に注目するのは極めて当然のことといえよう。いうなればこの小アジアは、プレ-トルコ時代すなわちトルコ族の郷土と化する以前において、長期にわたる文明史的経歴をたどっている。大まかではあるが、その足どりを時代順にたどってみると、(I)アッシュルの民の植民市建設時代、(II)ヒッタイト帝国の時代、(III)フィリギア-リディア時代、(IV)古代ギリシア植民地時代、(V)ローマン-オリエントの時代、(VI)キリスト教東ローマ及びビザンティン領有時代、やがて一転してアジア民族の領有となり、(VII)セルジューク朝の進出時代、(VIII)オスマン帝国の領有時代にはいる。オスマン帝国の出現は、最も新しい段階であり、年代的にいえば、西暦一三世紀の末葉ということになる。総じていえば、小アジアの歴史は、いわば種族移動の輪廻《りんね》史、征服と被征服のくり返しの歴史、ないしは東西両洋民族の闘争場裡の歴史、といった表現であらわせるような様相が示されているのである。

❖イスラムの世界＝征服と分裂

西アジアは、エジプトを含めて中近東と呼んでもよいが、古来、もろもろの古典文明を生み出し育《はぐ》くんできたオリエントの世界であり、人類の歩んだ大きな足跡を残す土地柄であるが、中世以後は、一転してイスラムの世界に変容した。

イスラムの世界という意味は、歴史的には最も早期に純粋一神教たるイスラム教に帰依《きえ》し、その教理を基調として社会・政治・経済・法律などを組み立て、多彩な精神文化や華やかな物質文明を築きあげた地域社会、アッラーをたたえる聖典クルアーン〔コーラン〕の国々をさしている。

だが一口にイスラムの世界といっても、決してホモジニアス〔同原同種的〕な単一構成体ではなかった。アラビア人もいれば、非アラブ系のペルシア人もあり、またここに述べるトルコ人もあるといった具合である。西暦の七世紀にアラビア人が征服事業を推しすすめて、一つの統合体にまでまとめあげたイスラムの世界は、ウマイヤ王朝（ダマスカス）・アッバース朝（バグダード）というように政治の重心を変えながら、東は中央アジアから北インドに、西はイベリア半島まで勢力を拡大してゆくが、やがて発生する分解作用とともに、モンゴル族の来襲によってとどめを刺された。このようなアラビア人の政治的衰勢と分裂のあとを受けて、イスラム世界の大部分を掌握し、しかも、かなりの長い時期にわたって支配を続けるのがトルコ人であり、世界史の上で大きな影響力を周辺地域にある各種キリスト教社会や、ユダヤ教の社会に及ぼした歴史性を担っている。とくに一四世紀から二〇世紀の初めにかけての西アジアの歴史は、オスマン帝国の動きを中軸として展開されたといっても、けっしていい過ぎではない。

すなわち、ムハンマド〔マホメット〕の遺志を受け継いでアラビア人がはじめたイスラム-カリフ制帝国の体制の最後を飾るものが、オスマン帝国であったといえるし、また制度的に最も完成された、それだけにいっそう強固にして複雑な国家形態をもつのも、この帝国の特色であった。

I

世界の帝王

オスマン帝国の出現

❖オスマン族

オスマン帝国の素姓であるが、発生史的にながめると、この帝国をつくりあげる上で大きな役割を演じた基幹部族は、オスマン族ないしはオットマン族と呼ばれる、言語学的にアルタイ語族に属する東アジア系統の部族であった。このオスマン族は、本来、内陸アジア方面、カスピ海の東方、アラル海に注ぐアム川（オクサス川）とシル川（ヤクサルテス川）の中間にあるステップ地帯から興こって、イラン・アルメニア方面を経由し、小アジア入りをした遊牧系部族であった。もっと詳しくいえば、オグーズないしオグーズ-トルクメンと呼ばれる部族のうちのカイウ族の出身で、この分派の父系制部族集団を根源に持つものとされている。

西暦にして一一世紀の後半に、小アジアの東部にあたるアルメニア方面で、ビザンティン帝国の堅固な防備線が遊牧系部族の侵入波に抗し切れずに破れ去ると、次々にはいり込んできたのがオグーズ群で、小アジアの諸地域が占拠されていった。オグーズのうちのクヌク族からセルジューク王朝が生まれ、この王朝の一分枝によってアナドル-セルジューク帝国がつくりだされた。この帝国の所領のうちでも、最も西北の端《はし》に近接した地域に否応《いやおう》なしに押し出されたのが、半牧半兵的なカイウ部族であった。このカイウ部族のうちからオスマン族の部族集団がでてくる。その年代は、第四十字軍によるビザンティン攻略とラテン帝国の樹立期（一二〇四～一二六一）の頃である。

アナドル-セルジューク帝国の首都コニア
Alamy 提供

カイウ族から派生したオスマン部族集団を率いるガーズイ（自前で武装した戦士たち）の指導者がオスマン王家の祖先で、この集団は、小アジアの西北部にあって東方に向かって発展する余地がなく、ただ西方に発展することによってのみ生存が可能であった。それというのも、東方からはいり込んでくるオグーズの移動の波に押し出された形となったからで、やむなく西方に勢力をのばすこととなったのである。

オスマン帝国は極小勢力から台頭した。王朝をつくりあげ、永続性のある国家をつくりだす過程において西方を志向したのである。その形成過程をしらべると、バルカン方面にのびて養った力を発動し、小アジアの群小トルコ系部族のつくった君侯領《ベイリック》を統合して統一国家の基礎を固めている。この意味で、オスマン帝国は初めから西向きの国家として発展したところに大きな特色がある。

❖西向きの国家

この帝国の西方への発展方向が本格化するのは、後期東ローマつまりビザンティン帝国を攻略した一四五三年以後のことであり、このビザンティンの滅亡は、キリスト教世界に大きなショックと絶望感を与えたが、政治分野において、このことはトルコの西方発展に区切りをつけるものではなかった。

小アジアを旧来のギリシア-オリエントないしローマン-オリエントの世界からイスラム-オリエントの世界に大きく塗りかえたのが、先輩格に当たるセルジューク王朝とすれば、この情勢を受け継いで、活動領域をアジアの天地に局限することなく、むしろ積極的に西方に進出し、バルカン山脈を越えてダニウブ〔ドナウ〕川の流域深く浸透してゆくのがオスマン帝国であった。

このように飛躍的な西進活動を展開したことは中欧諸邦との、さらにまた地中海への進出は西欧諸邦との間に政治・軍事・宗教的に複雑な相互関係を持つ契機となるのである。

そうした反面、本拠ともいうべき東方地域でも、どっしりと揺《ゆる》ぎなき形で根をおろし続けたのである。

スレイマン大帝の君臨する時期は、あたかも、そうした時点であった。

スレイマン時代の到来

❖トルコの世紀

一五～一六世紀は西アジアの歴史ばかりでなく、世界史の観点からながめて「トルコの世紀」と呼び慣らされている。というのは、この時点においてトルコ族を主体とするオスマン帝国が、まさに発展・隆昌の絶頂に達したからである。アジア・ヨーロッパ・アフリカにまたがり、ほとんど比類なき地域的な広がりをもつこの雄大なイスラム世界帝国を一個の統一体として統合する支配者こそ、ここに述べようとする主人公スレイマン大帝にほかならなかった。だからといって、人々にとって中国の大君主についてのイメージを描き出すように、この帝王に関するイメージを描くことはむずかしいかもしれない。これは東アジアと西アジアの事情の相違でもある。

スレイマンはトルコ人からは「カヌーニ」（立法者）、ヨーロッパ人からは「マグニフィセント」（壮なる麗者）と、さまざまに渾名《あだな》されている。この渾名は特色をとらえてはいるが、ど

若き日のスレイマン大帝

の称号がぴったりするかは、これから述べようとする史実によって、おのずから明らかにされよう。

「世紀の君主」とか、ときにまた「世界の帝王《ジハン・パディシャ》」と呼ばれるスレイマンの半世紀近くにわたって君臨する支配期は、簡単にいってどのような時代であったのか？　まず内政面からながめると、政治体制において、行政管理に必要な法制面において、産業・通商面において、また学術・文化面において、さらに軍事組織において最も特色ある一時期を画している。トルコ史全体の流れの上からいっても、黄金時代とでもいうべき輝かしい時代様相を呈していた。

対外的にこれをながめると、スレイマンがヨーロッパの政局に対して直接・間接に果たした役割と、その際に示した練達した手腕のほどが、内外から高く評価されているのである。

もっとも、この大スルタンの中欧・西欧に対する遠大な戦略的な構想を通観すると、そのうちには計画性に乏しい、いわば思いつき程度の気まぐれもなかった訳ではない。だが全般的にながめると、刻々と変化する現実に対処しての判断の適確さと、事に処してのタイミングのよさには舌をまくほかない。このことは、当時欧州の諸地域からはるばるトルコの首都イスタンブール〔コンスタンティノープル〕に派遣されたキリスト教国の使節たちの、本国への報告や回想録を一読すれば容易に裏づけられる。一言でいうと、スレイマンは父祖以来の諸制度を完成にまで導いたすぐれた行政上の組織者であり、外交・軍事の有能なタレントであった。

❖世界の帝王

時代の重要性からいうと、この時期は、しめくくりのチャンスに当たっている。というのは、曽祖父メフメット二世の時代にビザンティン帝国を滅ぼして後釜《あとがま》にすわり、祖父バヤジット二世の時代を経て、父セリム一世の時代には、かつてのイスラム文明の栄光の地シリア・エジプトなど、アラブの中心域を入手するなど雪だるま式に膨張をつづけ、最後のカリフ制イスラム帝国にまでのしあがった。この地盤の上に立って、世界帝国の座につくのがスレイマンの時代であった。

では、このころの隣接周辺地域の状態はどう動いていたか？　大まかにいえば、キリスト教勢力とイスラム勢力とがバランスの上でようやく著しい変化をみせはじめていた。まずヨーロッパはどうであったか？　近代的な王国の形成期にさしかかっていた。スペインでは、アンダルシアに構築されたムーア人の最後の牙城《がじょう》が崩れ去っていた。コロンブスはすでに他界していたが、メキシコの征服者ヘルナンドゥ＝コルテス（一四八五〜一五四七）や、初めてパナマ地峡を通過したフランシス＝ドレーク（一五四〇〜一五九六）の活動した大航海時代であった。文芸思想家として知られるエドモンド＝スペンサー（一五三〇〜一五九九）がイギリス文壇で名声をあげたのも、この時代であった。

神聖ローマ帝国〔ドイツ〕ではハプスブルク王朝のカール五世が君臨し、宗教面でプロテスタントの台頭という難問題をかかえていた。マルティン＝ルターが、ウィッテンベルクの教会堂の扉に九五か条のラテン語提題を釘付けにし、ローマ教皇権力に対抗して、キリスト教世界の大分裂をきたす不安定かつ分解の時期に当たっていた。

目を東方に転ずれば、イランではササン王朝滅亡以来はじめての民族王朝、シーア派のサファヴィ王朝の新興帝国が成立し、ヒンドスタンではムガル王朝の創建期で、バーブルからアクバル大帝に至る政治的に目ぐるましい転換期にさしかかっていた。

それらの著名な帝王を比較するとき、スケールの大きさ、英知の深さ、気宇《きう》の広さ、施政態度の公正なる点において群を抜き、しかも当時の欧州側の君主が羨望《せんぼう》してやまぬような絶大な権力を一身ににになっていたのが、ほかならぬスレイマンであった。美化でもなく誇張でもなく、このことがいえるのである。

大帝王の人間像

❖王位か死か

スレイマンはオスマン王朝の第九代に当たるセリム一世（一五一二〜一五二〇）を父とし、ハフサ゠ハトンを母として一四九四年一一月六日、小アジアの東部の黒海に面するトラブゾン〔トレビゾンド〕の地に生まれた。この地は、かつてビザンティン系統の同名の帝国の栄えた故地であるが、セリム一世がアマスィアの地方太守職にあった時代に、たまたまこの地が管轄下におかれた関係で、スレイマンはこの辺地で生をこの世に享《う》けたものらしい。スレイマンという名称はソロモン（ダヴィデの子）からきており、アブラハムがイブラヒム、イエスがイサと訛音《かおん》されているのと軌を一にする。スレイマンは父セリムのただ一人の男継嗣《よつぎ》であった。他はハティジェなど六名の姉妹たちであった。つまりスレイマンは即位に当たって他のスルタンと異なり位を窺《うかが》う競争相手がいなかったことだけでも明るい統治のスタートであった。いうなれば、秩序ある充実した富裕な国家と軍団とを平穏裡に父帝から継承した幸運児であった。なぜ

ドルマ-バフチェ寺院と対岸のウシクダラ

かといえば、総じて政治の非情というか、オスマン＝スルタンの息子（シェフザーデ）たちは、女性を除いて平等の継承権があり、彼らの一人が父帝逝去の後をうけて位につくと、他の者は否応《いやおう》なしにこの世から消される運命が待ち受けており、王位に対するライバルには微塵《みじん》の寛容度もなかったからである。スルタンの死は、王子たちには生死の別かれ目であった。父セリム一世は即位に際し、自分の地位を安堵《あんど》するためにコルクト・カスムなどの兄弟を処刑している。

歴史家はいう、オスマン王朝が明確にして論争を許さぬ相続法を規定しなかったことについて、王朝の始祖や有能な後継者たちの怠慢や迂闊《うかつ》をとがめだてする。だが、王朝自体としては相続法を規定するよりは、しないでおくほうが、より利点が多いと考えていたふしがある。イスタンブールの征服者メフメット二世の時代になって短い法令ではあるが、スルタンとなった者は自己以外の者を排除することを条文化している。

シェフザーデ〔王子〕たちはだれでも将来スルタンとなりう

イェニチェリ

るように政治的修練の意味で父帝の存命中、命令で小アジアにあるシェフザーデリック〔王子領〕に地方太守として任命されるならわしがあった。王子領は、首都イスタンブールから最少限四日の旅程にあるマニサや、キュタヒアなどがあてられていた。

　だが、しばしばアマスィアなど比較的遠隔の州も王子領となっていた。スレイマンが王子領に赴任したのは、一五〇九年で、まだ祖父のバヤジット二世の時代で、以後、カッファ〔クリミア半島〕、ボル〔小アジア〕、マニサと転々と歴任したが、父帝の訃報《ふほう》を聞いたのはエーゲ海に近いマニサの任地にあったときである。即位のためにイスタンブールに帰還したのは、一五二〇年九月三日のことと伝えられ、イスタンブールの対岸アジア側の町ユスクダルでイェニチェリ〔スルタン直属の親衛歩兵〕の出迎えを受けた。この町は哀調を秘めた感傷的な「キャティビム」の歌謡曲で世界的に有名になったウシクダラのことである。亜欧を隔てる風光明美なボスフォルス海峡を越えてトプカプ―

サライ王宮にはいった。時に二五歳であった。即位の大典は大宰相ピリー＝メフメット＝パシャ侍立《じりつ》のもとに、一五二〇年一〇月一日、土曜日午前中に行なわれ、引き続いて臣下が忠誠を宣誓する式典に移った。この王朝では、王座にすわって臣下から歓呼の栄誉礼を受けるまでは正式にスルタンとは呼べなかった。恒例にならって三日間、親衛常備軍団のシィパヒー〔騎兵〕やイェニチェリにはバフシーシ〔祝儀の金〕が与えられた。

数日にしてエジプト太守のハイル＝ベイ、メッカのシェリフ、クリム汗などに即位の布告を伝達するとともに忠誠を誓わせる書翰《しょかん》が送り届けられ、一応、必要な儀典的行事を終了した。スルタンとしての第一歩にはいった。

❖正義と寛容の施政

オスマン国家は、大まかにいってスルタン-カリフ制と呼ばれる体制を中心として動き、また形成されていた。しかも、このような国家にとっての生命法則といえば、征服事業をさすことができる。生命法則の展開によって広域化してゆく国家にとって、散在する領土をつなぎ合わせる統治の網を強化し補修するための必要な手段は、強大な軍事力を維持することであった。強大な軍事力を保持するのに不可欠なものは租税収入の確保であった。租税収入の確保に必要なものは社会の安寧《あんねい》と秩序であった。安寧と秩序の維持に必要なことは法が公正に行なわれることであった。この観点に立って、スレイマンが即位後直ちに着手したのは、行政管理面でのゆき過ぎや苛酷に失する取り扱いを手直しして、人々を救済することであった。それはひとえに施政態度において公正を期する範例を示すためであった。最初に発布した勅令《ちょくれい》はこのことを示しており、まさに「正義への真摯《しんし》なる愛情と寛容にして気高い精神」の宣言であった。スレイマンは父セリム一世が無償没収した財産を旧持ち主に返還し、また父が強制的にエジプトからイスタンブールに拉致《らっち》したためしいうどの本国への帰還を許したことなどは、そうした精神のあらわれであった。

しかも日常自戒を怠らず、物事の決定に際しては早急なる解決を計ることなく、慎重にして妥当なる態度を崩すことがなかったのも人望をつないだ。また人物の選定を誤らず、適材適所に人材を配置したことなども行政面での成功の道をひらき、ひいてはスルタン自身を偉大に見せる要素となった。とくに壮年期まではそうしたことがいえる。

❖スレイマン大帝の素顔

ここでスレイマンの容貌《ようぼう》を紹介しておくのも一応の順序であろう。このスルタンは、やや面《おも》長《なが》で、碧眼《へきがん》、眉毛《まゆげ》と眉毛との間の幅が広く、鷲鼻《わしばな》で美髯《びぜん》をたくわえ、歯並びがよく、中肉中背で、全体として均整のとれたハンサムな、しかも言葉遣《づか》い、立居《たちい》振舞い動作の優雅な帝王で、学者・文人・哲人との交際を喜び、抽象的、具体的な意味でもよい品性の持ち主であったと、当代の史料は一様に描写している。これも信用して話を進めよう。スレイマンはすぐれた詩才を持ち、「ムヒボル」という雅号を使用しているところからみると、この時代の文化の育成者でもあった。

宮廷内のスレイマン

トルコの史家のうちには、スレイマンの政治能力は父祖のそれを兼ねているが、軍を統轄指揮する力量は、曾祖父のメフメット二世や父セリム一世に及ばなかったという者もある。しかしスレイマンほど一般大衆からも、またオスマン軍団からも敬慕された人気のあるスルタンはオスマン史上ついぞ見当たらない。王朝の第一〇代目、しかもヒジュラ暦〔回教暦〕の第一〇世紀を開いた人物で、縁起のよい数字の持ち主ということで、軍団は進撃に際してアッラーの特別の加護と恩寵《おんちょう》を信じて疑わなかった模様である。

政府の高官も人民も、スルタンを強力にして慈愛深い性格の君主の姿として本能的に見てとった。このようなことが、スルタンを恐怖でなく愛情の対象としてながめる原因であった。

その治世におけるオスマン軍団のゆき届いた訓練と規律の正しさは、内外のひとしく賞賛してやまぬところであった。しかし、スレイマンも専制支配者の常として、第三者的にながめると権力保持のため残酷としか思えないような行為を敢《あえ》てしたことがある。しかし、それはむしろまれな例外事項といってもよさそうである。それも老境にはいってからのことである。

もしもスレイマンの君主としての人物を理解しやすくするために、こころみに馴染《なじみ》の深い東アジアの大君主と比較すると、唐の太宗《たいそう》皇帝や、清の康熙《こうき》帝などの業績に匹敵するスケールの大きな帝王ではなかったかと想像されるのである。

スレイマンは、渾名《あだな》を「カヌーニ」という。なぜオスマン王朝のうちでスレイマンだけが「カヌーニ」つまり〝立法者〟と呼ばれるのか? それには、はっきりした理由がある。一口にカヌーンの編纂に関係が深かったからである。カヌーンとは何か? まずもって、この語義を規定してかかる必要があろう。そもそもカヌーンとは、オスマン帝国においてイスラムの聖法シャリーアや慣習法に当たるアダートなどに対応し、君主が実務上の必要から発布する一般法令のことなのである。カヌーンを集大成した書冊を『カヌーン-ナーメ』と呼ぶ。平たくいえば、わが国の『御触書集成《おふれがき》』にも似ている。歴代スルタンの公布したカヌーンを集大成した最初の王者はメフメット二世といわれるが、カヌーニと命名されることなく、顕著な業績、コンスタンティノープル攻略に因《ちな》んで「ファテイヒ」〔征服者の意〕と命名された。スレイマンにカヌーニの渾名《あだな》が与えられるのは、メフメット二世の『カヌーン‐ナーメ』の内容が国家の制度に関する条項が多かったのに対し、さらに司法上の条項や財政上の条項などを加えて、いっそう緻密《ちみつ》に大成したものがスレイマンの『カヌーン‐ナーメ』であったからである。したがって『カヌーン‐ナーメ』の集成者としては二人目で、しかも賢明なる立法者の称を与えられたのである。スレイマンの『カヌーン‐ナーメ』に一応論及しておくと、三つの部門《バーブ》から成り、第一の部門が三つの章《ファスル》、第二の部門が七つの章、第三の部門が七つの章に区分される。内容的には刑法に関するカヌーン、租税に関するカヌーン、レアヤ〔従属民〕ないし兵士の身分に関するカヌーンなどを包括する。特に述べなければならないのは、ティマール〔封土のこと〕やゼアメット〔同上〕の領主と領民の権利、財政的な地位にふれ、新しく征服した国土を含めて、国有地、ユシール、ハラージ、エムリーアラズィの土地にそれぞれ分類し、それと関連してエヤレット〔大きな地方州〕の検地をも規定している。『スルタン‐スレイマン‐カヌーン‐ナーメ』という名前をもって、以後数世紀の間、効力を保有したのがこの基本法典である。なおまた、スレイマンは、別の渾名として「マグニフィセント」、トルコ語に訳出して「ムフテシェム」という名称をもっている。そのいわれは、当時オスマン宮廷を目《ま》のあたりに見た西欧側の大使たちが、宮廷の華麗な状況とこの大スルタンの権威に驚嘆して名付けたものといわれる。ヨーロッパの歴史家は専らこのほうを使用している。

II

世界制覇への夢

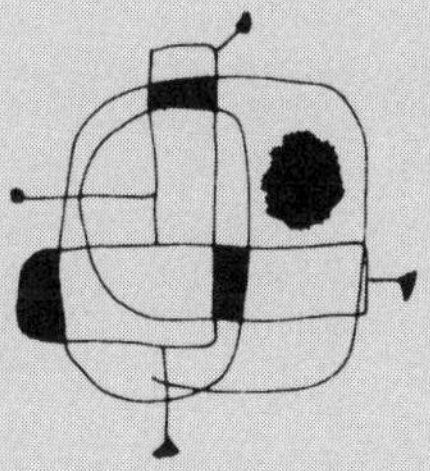

最初の試練

❖シリアの再征服

このころのオスマン帝国では、行政面における中央集権化に対して地方・属領の抵抗は、これを欧州社会に比べると比較にならぬほど微々たるものであった。だが、それでも時折、反乱は勃発した。スレイマンが新しい君主として当面した試練は、征服後間もないシリアで発生したジャンベルディ＝ガザリーの反乱の鎮圧から始まった。この知事は、スラブ系の奴隷あがりであって、スレイマンの祖父バヤジット二世の時代に捕虜となり、このスルタンからエジプトに進物《ヘディエ》として身柄を寄進された者で、やがてマムルーク王朝のアシラーフ＝カイト＝ベイによって奴隷的身分から解放され、トウマン＝ベイの君寵《くんちょう》をほしいままにするに及んで抜擢《ばってき》されてシリアの知事《ナイーブ》に任命された。この者は一五一七年セリム一世がエジプトを攻略した際にオスマン側に投降し、改めてオスマン側の知事《ワーリー》に任命された。たまたま秋霜烈日の如き気性の激しいセリム一世の逝去とともに若年の新スルタンを甘くみて、ダマスクスのウマイヤ大回教寺院《モスク》においてマリク＝アシラーフの称号を名のり、自分の名をフトベ〔金曜日の礼拝の祈禱〕のうちで唱えさせ、新しい貨幣を鋳造して独立君主を宣言した。

しかも宿敵ともいうべきサファヴィ王朝のシャー＝イスマーイールと好《よしみ》を通じ、帝国領の重要州シリアとパレスチナを確保したうえ、エジプトにまで侵入しようと試みた。これはオスマン王朝にとっては二重の裏切りであった。

この「……地獄行きの所業に価いする……」叛徒《はんと》はそのまま放置できなかった。スレイマンは直ちに大臣《ウエズィル》のフェルファト＝パシャに討伐を命じた。フェルファトは、ドルガディル〔現在のアダナ方面をさす〕の君侯アリ＝ベイやカラジャ＝アフメット＝パシャらを動員して鎮圧に成功した。雨降って地固まるの例にもれず、統治の基礎をかためることができた。反乱の発生から鎮圧まで約八か月であった。

❖ベオグラードの攻略

そのころの欧州は、果たして平和と安静の時期であったであろうか。むしろその反対の情勢であった。かえってオスマン勢力を誘致し、干渉を許すような動きをみずから示していた。すでに確立されたオスマン帝国の優越性を確認するかのように、スレイマンの治世は数少なからぬ東欧・中欧への遠征事業をもって彩《いろど》られている。そのスタートは欧州側の二つの関門とでも

ベオグラード　ドナウ・サヴァ川の合流点。 Alamy 提供

いうべき障壁を取り除くことから始まった。

その一つは、ハンガリー人を後楯《うしろだて》にしてトルコの進出を阻《はば》むドナウ中流に聳《そび》え立つ城砦ベオグラードであり、他の一つは、海洋でトルコの海上ルートを悩ます要塞の島ロードス島で、双方を処理する必要があった。まず前者の場合から話を進めよう。

そのためには一応バルカンの状況の説明からはいる必要がある。小アジアに隣接するバルカン地域はトルコに征服されたとはいえ、行政的には画一的ではなく、それぞれの地域に分断されて支配の形態はさまざまであった。

直接オスマン-レジームに組み入れられた民族もあれば、また植民地化されることなく、年貢支払いやスルタンへの特殊奉仕を義務づけられて自治を許される民族もあった。

総じていえばバルカン方面に対してのトルコの軍事的成功は、この地域の農民層にとっては、「災難」でなく、むしろ「恩恵」的であったという見方は正しかった。

東欧社会発展の曲り角にある一六世紀という時点において、トルコはけっして東方からの制圧者ということばがあてはまらないような権力把握のしかたで、支配体制を着々と確立していた。

すでにバルカン地域において確立されたオスマン帝国の優越性を確認するかのように、スレイマンの治世は数少なからぬ東欧・中欧への遠征事業をもって彩られている。

そのスタートは、中欧への二つの関門とでもいうべき障壁を取り除くことから始まった。

当時セルビアはオスマン-レジームのなかに組み入れられていたが、ベオグラードだけは別であった。この地は、現在のセルビア共和国の首府であるが、当時はハンガリーに属していたからである。特権貴族層が支配権を握る〝身分制国家〟としてのハンガリーの存在を、トルコ側ではいったいどのようにながめていたのか？　バルカン征服過程において、いつとはなしに警戒を要する強敵としてながめていた。というのは、バルカンにおける大小の紛擾《ふんじょう》には、必ずといってよいほどハンガリーが陰に陽に介入していたからにほかならない。

即位後、間もないスレイマンの東欧・中欧に対する関心の的《まと》は、当面ハンガリー問題に集約された。スルタンの対欧攻勢は、まず一五二一年のベオグラードの攻略から始まった。ベオグラードという土地を少し詳しく説明すると、ドナウ川とその支流サヴァ川との二つの流れに挟《はさ》まれ、周辺に所在するシャバツ・ゼムリン・ウイラク・アヴァラ・スランカメンなど若干の城砦とともに、ハンガリー側の堅固な国境要塞群を形づくっていた。

これよりさきセリム一世がエジプトを併合した時点において、オスマン帝国はハンガリー王国との協定を守って西進活動をさしひかえていたが、スレイマンの即位とともに情勢は一変した。スレイマンはトプカプ-サライ王宮の苑地ともいうべきサライ-ブルヌの薔薇《ばら》の咲き乱れる中庭で、ハンガリー国王ラヨシ二世に対して戦闘に入る重大な決意をしたといわれている。

父祖メフメット二世やセリム一世の如き大スルタンが希望して果たしえなかった事業に着手しようというのである。

❖最初の遠征

当時のハンガリーは、トルコにとって「黄金の林檎《クズル・エルマ》の国」ないしそこに至るべき回廊であった。オスマン帝国人の抱くクズル-エルマの概念は一通り説明を必要とするが、キリスト教徒の手によって保有される不特定・未征服の実り豊かな国土を漠然とさす用語であった。大河の流れドナウの西北辺にあって、大きく弧を描いて連なるカルパティア山脈の彼方に広がるハンガリー平原は、まさしくトルコの渇望《かつぼう》してやまぬ国土であった。

経済的にいえば、良質の小麦や良馬の産地であり、また戦略的な見地からいえば、神聖ローマ帝国への道に通じ、トランシルヴァニア方面を制圧するために必要な土地柄であった。「黄金の林檎」の国の概念は、トルコにとって西進への強烈な刺激剤にほかならなかった。

スレイマンは直ちに大宰相に命じてディワーヌ＝ヒュマユーンを召集させた。ディワーヌ＝ヒュマユーンというのは、大宰相・大臣・イスラム長官などを構成員とする国政最高会議ないし最高評議会である。この会議の決定に従い、遠征軍団はたちどころに編成された。ルメリのベイレルベイ〔地方の知事・大州大領主〕のアフメット＝パシャやフェルファト＝パシャの軍団が主力となり、さらに側面からの援軍としてダニシメンド＝レイスの指揮する五〇隻に近い船艇を黒海からドナウ川に回漕させて、ベオグラード攻撃に参加させた。

これがスレイマンの最初の遠征事業であった。トルコ側の水陸からの組織的な猛攻に耐えかねてシャバツ・ベオグラードの要砦《ようさい》は難なく落城した。落城の翌日、スレイマンは美しい古都ベオグラードに入城して金曜日の「神《アッラー》への礼拝」を捧げた。以来、この土地は数世紀にわたってオスマン領となり、軍団の宿営地と化した。常駐したのはオスマン軍団の精鋭イェニチェリ部隊であった。勝利を知らせる「戦勝状《ファチイヒーナーメ》」は直ちにヴェネツィア共和国に伝達された。アドリア海に面するラギューザ共和国・ヴェネツィア〔ベネチア〕共和国・モスクワ大公国は、戦勝祝賀のためイスタンブールにあわただしく特使を派遣してきた。クリム汗国〔クリミア半島〕も友好関係を改めて表明した。今やベオグラードの西、ブダに至るドナウ中流の地域は、オスマンの西進におののくばかりであった。地中海におけるトルコのライバル、ヴェネツィアに対する協定が更新されるのも、このような動きの結果であって、新しい協定は、以後ほかの

国家との間にとりかわされる協定に基準を与えるものとなるので、次に掲げておくと、

(一) ヴェネツィア・トルコ両国民の間に訴訟が生じた場合、法廷にて通訳が用意さるべきこと

(二) 負債・借財のためバリオス〔ヴェネツィア大使のこと〕は逮捕されることなきこと

(三) ヴェネツィアはトルコ側から北アフリカのトリポリ・チュニジア・アルジェリアの如きベルベル族系統の小邦に対する通商を妨害されないこと

(四) 地中海・エーゲ海にあるヴェネツィア領、たとえばキプロス島の保有のため毎年一万デュカート金貨でトルコ側に貢税《ぐぜい》が支払わるべきこと

(五) 難船者の引き渡しについては妨害することなきこと

などがそれで、トルコ側の通商に対する無妨害、代償としてトルコ側に対する貢税支払いなどを骨子とするこのようなとりきめは、以後のトルコと欧州諸国との関係を示唆している。

❖要塞ロードス島

エーゲ海の入口を擁し、トルコ人の郷土に当たる小アジア側から一望できる島の一つがロードス島である。この美しい島は、戦略的にながめて価値があるせいか、久しい間「イェルサレム‐聖ヨハネ騎士団」、別名ホスピタラーと呼ばれるカトリック騎士団の領有下にあった。この

ロードス島　アフロ提供

騎士団をトルコ人は、「ハズレッテ－ヤフヤ－タリカッティ」と呼んでいる。

元来パレスチナに本拠を持っていたが、一二九一年に追放されると、キプロス島を経て一三〇八年にロードス島に落ち着いたもので、オスマン帝国にとっては厄介《やっかい》な存在であった。シリア・エジプトを取得して著しく海岸線を延長した帝国にとっては、是非とも自領に編入したい島嶼《とうしょ》であった。

最初にこの島の併合を思いついたのはメフメット二世であったが、未だに機運が熟さなかった。バヤジット二世の時代には弟ジェム＝スルタンとの政権争奪の関係もあって、この島とは友好関係を一時的ながら維持した。しかし今や状況は一変した。スレイマンはベオグラードの攻略を果たすと、この島の併合が政治上における第二番目の関心事となった。スルタンが征服を意図する根本的な理由について列挙してみると、

(一)　ロードス島の騎士団の海賊的行為と敵対行為とが、オ

スマン王朝の地中海通商交易に損害を与える根源であること

(二) メッカ巡礼の航路に脅威を与えてイスラム教徒を不安におとし入れ、かつ捕えた捕虜に労役を強制すること

(三) ロードス島の占める位置がトルコの勢力圏の中心点にあること

(四)エジプトのマムルーク朝や、前述のジャンベルディ＝ガザリーの反乱に際して、武器弾薬などの援助を行なった利敵行為

など、腹に据えかねる事態がそれであった。

オスマン側の諜報《ちょうほう》組織はよく整っていたので、ロードス島の状況は手に取るようにわかっていた。

当時、聖ヨハネ騎士団が外部から救援を仰ぐことは容易ではなかった。というのは、カトリック陣営内での神聖ローマ皇帝カール五世と、フランス王フランソア一世との競合、ローマ教皇の伝統的権威と宗教改革運動との対立、ハンガリーの内部情勢などは、ロードス島救援を妨げるおもなる要因であった。トルコ側からながめれば、ロードス島の併合に有利な条件が重なりあっていたことになる。

❖聖ヨハネ騎士団

ロードス島の包囲を実施するに先だってスレイマンは、騎士団団長フィリップ＝ヴィリエ＝リラダム〔フランス人〕に書簡を送り、ベオグラードの陥落を知らせるとともに、もし降服に応ずるならば自由の保障と財産の保全とを約束する旨を申し入れた。もちろん、この降服勧告はすぐには聞き入れられなかった。スルタンは提督パラク＝ムスタファ＝パシャの指揮のもとに、艦艇をイスタンブールから一五二二年六月四日にロードス島に向け進発させた。スルタン自身もユスクダルに渡り、この地からマルモラ海辺を迂回《うかい》して陸路を東南下し、途中キュタヒアでアナドルのベイレルベイのカスム＝パシャとルメリーのベイレルベイのアヤス＝パシャの兵力を加えた。このようにしてカプクル-シィパヒー〔親衛騎兵〕や戦闘要員であるティマール-シィパヒー〔封建騎士〕などを従えて、アイドンやムーラなどを通り、ロードス島の対岸マルマリス湾に到着したのが翌月二六日のことであった。

ロードス島は当時、全世界でも有数の用心堅固な最大の城塞を形づくっていた。現今でもその旧跡が残っているが、この島にはカトリック系諸国の騎士たちの館《やかた》が立ちならんでいたといわれている。騎士団は、かつてビザンティン帝国がコンスタンティノープルの防御の際に行なった戦術的教訓をよく生かして戦った。たとえば島の港の入口を鉄のくさりを使用して閉鎖し、守備を固めたことなどもそれである。

トルコ側の史料によると、ロードス島の包囲と攻撃とは二九日から開始された。騎士団長は、オスマン軍団の約半年にわたる猛攻に耐えかねて、困難にして苦痛の多い決断を迫られた。団長はまず三日間の休戦を要請して受け入れられたが、結局のところ降服するよりほかかしかたがなかった。降服の条件は次のとおりであった。

(一) 聖ヨハネ全騎士団は、身回り品・武器とともにロードス島と付属の島嶼から一二日以内に撤退すること
(二) 離島者については、クレタ島のカンディアまでの移動はオスマン艦艇で行なわれるべきこと
(三) 一二日の期限内に全島城塞は四〇〇〇名のイェニチェリ部隊に引き渡されるべきこと
(四) 滞留者の信仰は自由であること
(五) 滞留者は五か年間免税のこと
(六) カプクル軍団のためにこの島でのデウシルメ〔兵員ないし吏僚に仕立てるための男童〕徴収は行なわぬこと

などで、どの条項をとっても寛大な措置であった。降服の調印後二日にして騎士団長は、スレイマンの面前にひれ伏すため、オスマン陣営を訪れた。当日は、たまたま国政会議の最中で、

会議の終わるまで帳幕の前で待たされる一幕もあった。その際、騎士団長からスレイマンに対して高価な花瓶と皿、純銀製の杯《さかずき》などが献上され、スルタンからは団長に対して礼服一式を賜わり、かつ慰撫《いぶ》のことばが与えられた。

このようにして聖ヨハネ騎士団は二一四年の間、根拠地としたロードス島から永遠に退去したのである。もしも攻略者がスレイマンでなく他のスルタンであったならば、状況は全く異なり、恐らく騎士団は全滅の憂《う》き目をみていたであろう。一五二一年一二月二九日、スレイマンは島の城塞内にはいり、翌年正月二日、教会堂をモスクに改めて金曜日の礼拝をすませ、イスタンブールのトプカプ＝サライに凱旋《がいせん》したのは同じ月の二九日のことであった。

ヴェネツィアとイランとには、時を移さず誇らかに戦勝状が送り届けられた。ベオグラードとロードス島の掌握は、欧州側を落胆させる反面、スレイマンの名声を全欧州に高めるものであった。戦略的には一歩前進したものといえよう。

❖機運は熟す西進への道

ドナウ河畔の防壁ともいうべき一連の城塞がトルコ側に帰したという事態は、ハンガリーへの回廊を開くことを意味した。のみならずロードス島の喪失は、地中海辺のヴェネツィアのみならず、ジェノアの所領を失う波紋を描き出すおそれが十分にあった。カトリック勢力の総帥としてのローマ教皇は、この点を最も心配していた。当時の有力な諸帝王たとえばカール五世・フランソア一世・ヘンリ八世などに対オスマン十字軍の編成を呼びかけて、一日も早くトルコに対抗できる体制をつくりあげるように要請したのはそのためである。しかし当面、政治的な利害の食い違うそれらの君主たちは、教皇からのこの呼びかけとトルコ側からの脅威とを天秤《てんびん》にかけて、容易なことでは腰をあげようとはしなかった。このような状況下にあって、スレイマンが一五二六年までハンガリーへの進攻を差し控えたのはほかでもなく、エジプトで紛争が発生していたからである。

シリアとエジプトとが、マムルーク王朝の滅亡以来オスマン帝国の東方属州となったことはすでにのべたが、征服後間もないエジプトでは、政情がまだ安定しないままになっていた。エジプトの太守となったハイン＝アフメット＝パシャが、マムルークの残存勢力と結んでカイロで反乱を起こしたのもその一例である。スレイマンは事態収拾のための善後策に追われて、寸暇も見いだせなかったのである。

当時のハンガリーの状況はどうであったかここで一応述べておこう。封建体制を維持するこの社会では、無秩序に近い混沌《こんとん》たる状態が続いていた。支配する国王は若年かつ病弱の身であった。しかも強豪トルコに対するかぎり、態度として慎重を欠くところが少なくなかった。はっきりといえば、このような場合ただ強力な君主のみが、強敵に対抗できる軍団を動員し展開できることはいうまでもない。その点で国王ラヨシ二世は、ポーランド・リトワニアなどに君臨するヤゲロ王朝の支脈の出であったとはいえ、けっして強力な君主ではなかった。少なくとも往年のヤーノシュ＝フニャディ（ハンガリー王国摂政、一四四四〜五八年在任）や、マチャシュ＝コルヴィノス（在位一四五八〜九〇年）の如き強力な指導者ではなかった。王権の衰退は、ハンガリー王国にとって衛星国ともいうべきモラヴィア・セルビア・モルダヴィア・ワラキアなど、バルカン地域の脱落にも大きな関係があった。ラヨシ国王を取り巻く貴族たちは、大貴族と小貴族とに分裂していた。広大な封土を領有する前者に対して、後者は自己の特権の保持に汲々《きゅうきゅう》としていた。国内では農民の一揆《いっき》がひきもきらず、ことに一五一四年に発生した農民暴動がもたらした荒廃の傷痕《きずあと》はきわめて深かった。しかもそのうえ、ハンガリー側の保有する軍団は、傭兵《ようへい》の解散という事情も手伝って士気あがらず、無気力の状態であった。その際ラヨシ二世が頼《たよ》りにできるのは、西隣のハプスブルク王朝しかないものと深く信じ込んでいた。なぜならば、この二つの王朝は共通の利害をもち、通婚関係で固く結ばれているとラヨシは信じていたからである。しかしハプスブルク王朝の当主カール五世は、ハンガリー問題に関するかぎり冷淡であった。ただラヨシの妹アンナの配偶者で、オーストリア大公兼ボヘミア王のフェルディナント大公——のちの神聖ローマ皇帝フェルディナント一世——のみが、ハンガリー救援のために、ただ一人でやきもきしていた。だが努力のしがいもなく、究極において兄カール五

カール五世

世の支持を取り付けることができなかった。だからといって、自分自身では力量が不足で適切な施策も持ち合わせず、どうにもならなかった。

カール五世は、ハンガリーに対しての財政援助を、西欧方面での出費過多を理由にして拒否した。また、トルコに対抗するために必要と考えられるフランス王フランソア一世との和解も、相手方が非妥協的であることを口実にして拒否した。はっきりいえば、カール五世はハンガリー方面よりもイタリアの経営に、もっと深い関心があった。この点については、トルコとフランスとの関係から説明しなければならないが、それはいずれ述べるとして、北イタリアにパヴィアという都市がある。ミラノの南方、ジェノアの東北方に当たるが、この地域で一五二五年にフランソア一世とカール五世とが戦い、フランソアが敗れている。この敗北は、はげしい報復意識をフランソアの心底に植えつけてしまった。このことが、フランス王をしてスレイマンに接近する機会をつくりあげたのである。ことにパヴィアの戦いで捕虜となって、マドリードにまで拉致《らっち》され、やっとの思いで釈放されたものの、依然、抑留中の王子を釈放してもらうためには、スレイマンの力を借りて背後から圧力をかけてもらう必要があった。具体的に圧力とは何か、スルタンが、ハンガリー方面に大攻勢を展開してくれることであった。それはスレイマンの胸のうちで去来する西進の意図とぴったり一致する点であった。まさに機運は熟した。

❖ハンガリー総崩れ

エディルネの景観　Alamy 提供

スルタンは、呼応する如くハンガリー遠征の準備にとりかかった。アナドルとルメリーの兵力と、精鋭なる親衛軍団《イエニチエリ》を含むオスマン大軍団は、エディルネ・フイリッペ〔プロヴデヴ〕・ソフィア・ニシ経由でベオグラードに直行した。やがて、ドナウ河畔にあってセルビアとハンガリーとの国境で、ハンガリー側の防御線を形づくる小城砦を陥れておいて、大攻勢に転ずるのが一五二六年八月のことであった。攻略はペトロワルダイン城砦から始まったが、それはマジャールの崩壊を告げる前ぶれでもあった。攻撃は、豪雨のなかを沼沢地をぬう悪路をついて行なわれた。ハンガリー国王ラヨシ二世は、スレイマンに対抗するため全軍団を投入して、急遽ドナウ川の接合点から約六〇キロにあるモハッチ〔モハーチュ〕平野まで南下した。この戦いに先だちスレイマンは全軍団とともに戦勝の祈りをアッラーの神にささげた。果たして対戦の結果は、スレイマン側の大勝利であった。機動力と数量的に優勢なオスマン軍団の砲火を浴びて、ラヨシは側近の貴族や従軍カトリックの司教共々、ことごとく討ち死にしてしまった。ナジ-ニヤラドの丘陵付近でのできごとである。オスマン軍団には金銭とガニメット〔戦利品〕とがふんだんに与えられた。ハンガリーの騎士道の花形は散った。オスマン軍はなおも西北上を続けた。トルコ人の来襲を告げる教会の警鐘、いわゆる「チュルケン-グロッケン」が村から村へと鳴りひびくなかを、スレイマンは長駆してブダまで進攻した。この間六〜七日間を経過している。トルコ語でブディン、ドイツ語でオーフェンと呼ばれるこの富裕な大都市に軍団が踏み込んだとき、市民のほとんどはもぬけのからで、ユダヤ人だけが踏みとどまっていた。あとの処置は征服者の意のままであった。スレイマンはブダの王宮に入り、若い国王の肖像画が目にはいると、好敵手に対して弔意を表してから、この都市で戦勝の祝賀を一五日間続け、さらにクルバン-ベイラム〔イスラム教の犠牲祭〕を迎えてベオグラードに引き返した。ブダの王宮にある宝庫は、ヨーロッパでも有名で逸品ぞろいであったが、すべてがスレイマンの掌中に帰し、重要な戦利品は河川用船艇でドナウ川と黒海を経由してイスタンブールに運搬された。そのうちには二個の巨大な青銅燭台《シャムダン》と、マチャシュ゠コルヴィノスの貴重な稀覯《きこう》図書とが含まれており、燭台のほうは聖《セント》ソフィア大寺院に寄進された。

モハッチの損害は、ハンガリー側にとって余りにも大きかったといえよう。

ハンガリーの王冠は、トルコに友好的でモハッチの会戦にも味方したトランシルヴァニアの軍政長官《ヴォイヴォダ》サポヤイ゠ヤーノシュに授けられるはずであったが、それについては章を改めよう。

❖イランと小アジア

由来、小アジアの東部は、地続きの東方にあるイランやイラク地域からの影響をきわめて受けやすく、このために政治権力に対して遊牧民や農民など、民衆の反乱がほとんど絶え間ない地域であった。たとえば、やや古くさかのぼれば、アナドル゠セルジューク王朝時代にモンゴルの侵入と関連して、反封建的な農民一揆を指導するデルヴィシュ〔イスラム神秘主義托鉢修道僧〕ババ゠イスハークの反乱がアマスィア地区一帯で勃発しており、オスマン王朝の初期にはサマウナル゠シェイフ゠ベドレッティンの反乱、さらにセリム一世の時代には、シーア派系統のアレウイ別名クズル‐バシの反乱などが発生している。

シーア派というのは、イスラム教のうちでもスンニー派つまり「正統派」に対立する「分離

アンカラの城壁　Alamy 提供

派」をさし、大まかにいってアラビア人やトルコ人の信奉するイスラム教の宗派がスンニー派とすれば、イラン人の信奉するイスラム教の宗派がシーア派といってよい。ここに出てくるクズルーバシということばの意味についていえば、トルコ語では文字通りには「赤い頭」であるが、実のところ頭部に白いターバンを巻いたトルコ系の遊牧民グループであった。しかし、このころのトルコ語でアレウイとかクズルーバシというと、特別の意味があり、「シーア派の党与」ということで、彼らの背後にはイランが控えており、必ず裏から糸を引いているのが通例であった。

ことにイランでサファヴィ王朝が成立して、シーア派を国教とするに及んで、スンニー派とシーア派との対立の様相はいっそう激しいものとなり、数世紀の間にわたり続発する流血的事件の根因となってきた。

スンニー派とシーア派の勢力が複雑に入りくんだ土地柄だけにデデ〔デルヴィシュのこと〕の策動やら、内外からの刺激と誘因による反乱は、スレイマンの治世の初期においてもみられ、一五二六年、スルタンがハンガリーで攻勢作戦を展開し、あたかもモハッチの戦いが終わるか終わらないうちに、小アジアの中部から東部の諸地域でクズル＝バシの反乱が頻発した。その一つはシュルンの名で知られるカドリ＝ホジヤ＝ババとその後継者のシャー＝ウエリたちの反乱であった。続発するこの一味の反乱は後を絶たなかった。アンカラの東方に当たるヨズガット〔ボゾク〕地区がその中心であった。断片的な資料によって推察すると、土地の用益権に関する地方領主の不正事件とからみ合って発生したものらしい。ことの始まりは、この地方の太守、つまりサンジャクベイ職にあるヘルセク＝ザーデ＝ムスタファ＝ベイの暴虐なふるまいに対しての反乱で、地方領主の館《やかた》を不意討ちに襲い、領主を殺害したことにある。

さらに同年、アダナ地区ではカラ＝イサル＝チュルクメン族で、サファヴィ王朝に内通するウエリ＝ハリフェや、ドムズ＝オウランら、その西隣に当たるタウロス地区では、イエク＝チエ＝ベイの反乱が発生している。なお同じ年には、それよりいっそう規模の大きい反乱として、ハッジ＝ベクタシュ＝ウェエリの後裔《こうえい》と称して、この教団つまりベクタシュ教団の長であるカレンダリー＝シャーことカレンダリー＝チェレビィ＝ビン＝イスケンデルの反乱が勃発した。これらの反乱の指導者はイラン流にシャーを名乗っているのが特色である。この反乱においても、イランからの援助と支持とが歴然としていた。このころ、サファヴィ王朝の支配者はシャー＝

タフマスプで、一五二五年に逝去したシャー=イスマーイールに代わって新しい君主となった。代替わりのため、和平のきざしが気運的に幾分みられながらも、双方の国家関係は依然として対立の状況下にあった。たまたまこのような折も折、勃発したのが二～三万より成るクズルーバシの集団を率いるカレンダリー=シャーの反乱であった。その勢力は、たちまちにして当該地区のサンジャクベイや地方州の知事《ワーリ》のくり出す兵力を打ち破り、そのまま放置しておけば小アジア全土が危険な状態に陥ることは必至であったので、スレイマンは、反乱の根因となるべき地方政治の不正をただす行政改革に着手するとともに、大宰相イブラヒム=パシャに命じて、三万のシィパヒーを率いてイスタンブールから討伐に向かわせた。途中、アナドルのベイレルベイ〔大地域の太守〕（キュタヒア駐在）や、カラマンのベイレルベイらの兵力も加わることになった。反乱者の勢いは旺盛で、討伐軍は苦戦を免れなかった。反乱側に加担するものにドルガディルのシィパヒーたちがあった。それらはいずれもボイ-ベイ〔遊牧集団の族長〕であったが、スレイマンの特別のはからいで、それらの者には特別にディルリック〔知行〕を支給すると宣言して、反乱者から引き離すことに成功し、カレンデリー一味を孤立に陥れて捕え、滅した。このようにして一五二七年六月には、さしもの反乱も鎮圧することができた。大宰相は八月にイスタンブールに帰還した。

スレイマンは年俸を一三〇万アクチェ*から二一〇〇万アクチェに加増して、イブラヒム=パシャの労をねぎらった。

スレイマンがイランとの関連において頻発する反乱に対する鎮圧を、いかに大きく評価したかを示す証拠でもあった。

＊オスマン王朝の貨幣単位で一アクチェは一五グラムの重量の銀貨である。

西方への触手

❖国王のいない王国

一五二六年の八月におけるモハッチの敗戦は、ハンガリーを国王のいない王国に仕立ててしまった。しかし、国王のいないままに、いつまでも放っておくわけにはゆかなかった。この戦いがあってから数か月たった一一月に、生き残りの貴族たちは、気をとり直して国王の椅子を埋めようと動き出した。だが、意見が真っ二つに分かれるのはどうしようもなかった。一つは、トルコ語でエルデル、欧州語でトランシルヴァニアと汎《はん》称される地域の軍政長官《ヴォイヴォダ》で、一般に〝強人《ストロング・マン》〟と渾名されるサポヤイ＝ヤーノシュを擁立する一派で、トカイで国会を開き、議決に基づき新王として彼を一か月後ストールワイセンブルクで王位に即《つ》けた。トカイというのはブダの東北に当たり、ルテニア国境に近い地方都市である。だが、他の一派はトルコの干渉を避けるため、躊躇《ちゅうちょ》しながらも外国の助力を求める一派で、同じころプレスブルクで別の国会を召集し、神聖ローマ皇帝のただ一人の弟で、故ラヨシ国王の義兄弟に当たるオーストリア大公フェルディナントを国王と宣言した。強硬に王位継承権を主張するフェルディナントの裏面工作が効を奏したのである。

❖一二万の大遠征

さて一方、サポヤイ=ヤーノシュはトランシルヴァニアの行政権のほかに、ハンガリー本土での支配権をも兼ねるはずであったが、ハプスブルク王朝の圧力によって、ブダから追放されることになったため、スレイマンに救援を訴えた。スレイマンの胸のうちは、この王者を傀儡《かいらい》的な支配者に据え、背後から遠隔操縦を行なって、オスマン帝国のために防御陣営に仕立て、同時に貢物《みつぎ》物や租税を取り立てるための豊かな財源とするつもりであった。

スレイマンは一五二九年五月、サポヤイ=ヤーノシュをブダにおいて国王に擁立するため、ドナウ川に沿って西北上した。これが一般に第二次ハンガリー遠征と呼ばれるものであるが、この遠征も、うまく事がすらすら運んだ。

ハプスブルク王朝の側で組織された反トルコ-レジスタンス運動が、ほとんど功を奏さなかったからである。ハンガリーは今や完全にトルコの掌中にあった。サポヤイ=ヤーノシュは八月、思い出のモハッチの地にて陣営を張るスレイマンを訪れて、スルタンの足もとにひざまずき、手に口づけして謝意を表し、スルタンから黄金の椅子を与えられて、黄金の宝冠と四着

サポヤイ=ヤーノシュ

の大礼服を賜わったのである。当時のトルコの儀礼によれば、四着の大礼服を着用することは最高の栄誉を表わすものとされていた。スレイマンは、再度のブダ攻略により、征服者の意のままになる直轄州として中央ハンガリーを属領化してゆくのである。

一方、フェルディナント大公のほうも、ハンガリーをあきらめはしなかった。双方には妥協の余地はなかった。サポヤイ＝ヤーノシュを擁護し声援する確約をかわしたスレイマンは先制攻撃の意味で、フェルディナントの待ち受けるウィーンめざして軍団の移動をすすめた。

この軍事行動はオスマン史上、最大のものといわれる。スレイマンの力の入れかたがわかるような気がする。小アジア・シリア・カフカーズの兵力から成るオスマン軍団の兵力は一二万余で、三〇〇門の大砲を保有し、輜重《しちょう》を運ぶために、約二万二〇〇〇頭の駱駝《らくだ》と一万頭の騾馬《らば》が駆り出されたといわれている。時あたかも気候不順で、悪天候を衝《つ》いての進撃だけに、途中は難渋《なんじゅう》をきわめた。たとえば、国境辺にある狭い渓谷をまわりくねって通りすぎると、今度はドナウの川幅の広い泥濘《でいねい》が待ち受けているといった具合で、峠を越え谷を抜け、必要ならば道路上に橋を架《か》け、木の枝の上に板をしきつめて、濁流を覆《おお》うなどしての行軍であった。

道すがらエステルゴム――ドイツ名グラン――を包囲して、この地の大司教を降服させ、アルテンベルクの町を焼き打ちなどして、オスマン軍団の先鋒隊ヤフヤ゠ザーデ゠バリ゠ベイの息子メフメット゠ベイのアクンジィ部隊〔略奪部隊〕がウィーン城壁の前にあらわれるのは九月二三日～二七日のころであった。最初の接触と衝突は、このアクンジィを通じて行なわれた模様である。スレイマンがウィーンに到着したのは九月二七日と記録にしるされているが、当日は豪雨が降りしきり、寒気もまたひとしおきびしかったといわれている。この間の状態はオスマン側の『ルズ゠ナーメ』〔陣中日誌〕がかなり克明に説明してくれる。

❖ウィーン危うし！

当時カール五世のほうはどうなっていたか？　西欧方面できわめて多忙であったので、フェルディナント大公を正式には援助できない状況にあった。ありのままにいえば、神聖ローマ皇帝として、また、ドイツ軍団の総指揮者としてのカール五世は、トルコ軍団に立ち向かえない状態にあった。一方またカール五世は、国内でもなみなみならぬ大きな問題をかかえていた。

勃興期のプロテスタントに対しての問題処理がそれであった。国内勢力の総結集をはかる意味で、プロテスタントを反オスマン活動の中に加える必要があり、そのために、宥和《ゆうわ》態度を打ち出すことを余儀なくされていた。

これよりさき、一五二六年八月のモハッチの攻略と九月のブダの陥落は、ハプスブルク王朝に対していやおうなしに緊迫感を与えた。

その年の九月に、ライン河畔にあるシュパイエルで開催された「帝国国会」、次いで一五二九年二月に開催された、いわゆる第二次シュパイエル「帝国国会」で、プロテスタントに譲歩が示されたのは、そうした宥和政策のあらわれであった。いわばスレイマンの攻勢がもたらした副産物であったともいえる。

さて、スレイマンのオスマン軍団がウィーンに接近する状況下にあって、当のカール五世は上述のようにウィーンには不在であった。また留守居役をあずかるフェルディナント大公も、あわただしくウィーンを脱出し、ババリアの国境に近いリンツの町まで退避し、スレイマンに対抗するのにふさわしい兵力をかき集めることに努力を傾けた。

隣邦からも兵力が応援のために繰り出されたが、それらは依然当面の要求にはふさわしい兵力ではなかった。

結局、キリスト教徒側の努力はウィーンを固守するだけでせいいっぱいであった。守備者側

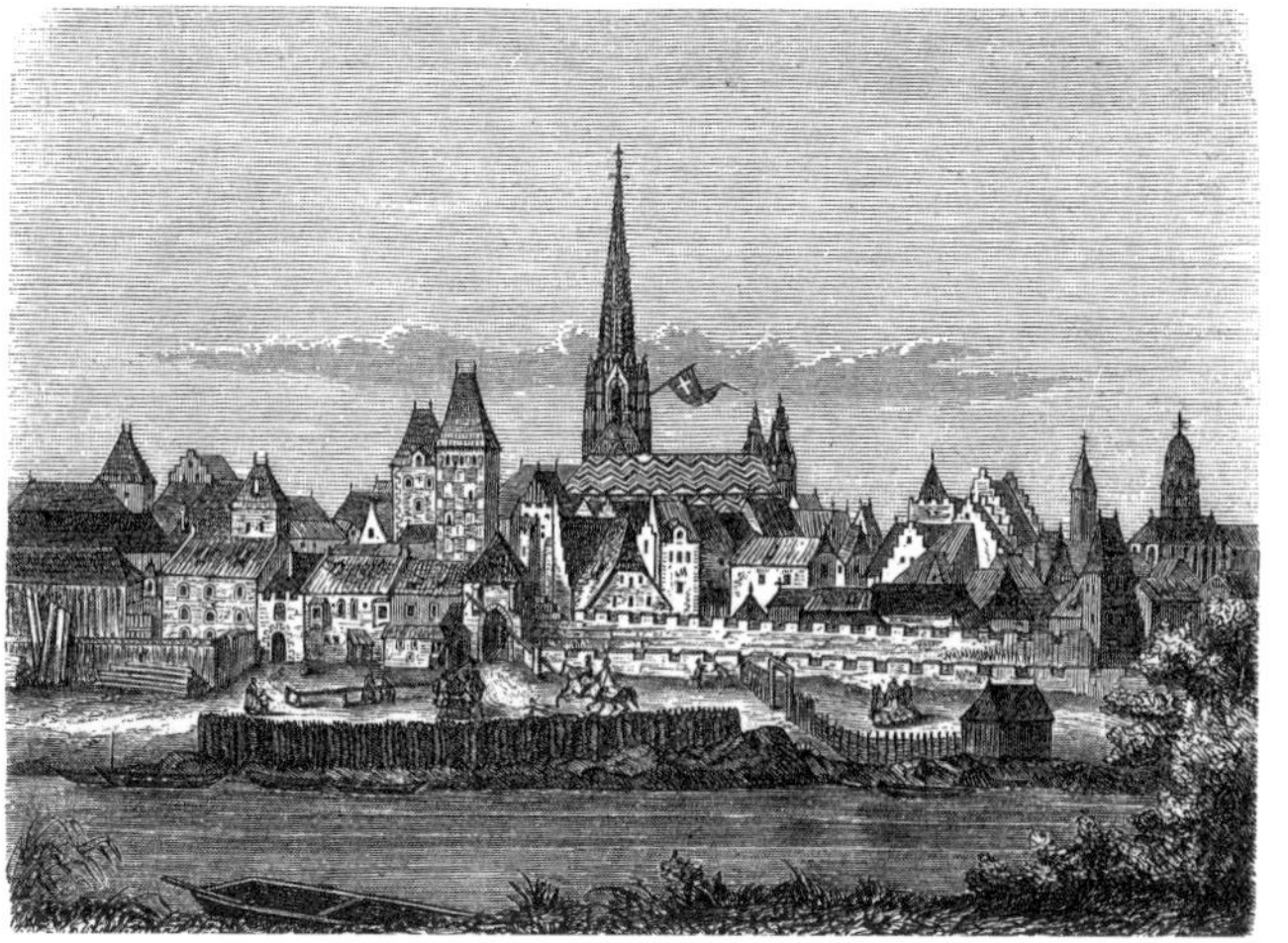

15世紀当時のウィーン　Alamy 提供

の指揮は、老骨ながら傑物のニコラス＝サルム伯に委《ゆだ》ねられていた。それでもウィーンでは、超人的な努力をもって必要な準備がすすめられていた。火急の場合、真に最少限度の物資を調達することに専念した。ウィーンの都市そのものは現今の位置と同じであったが、面積は小さかった。しかし、守備のための城壁は老朽化しており、しかも大部分の箇所が破損していた。城壁の厚さはわずかに六フィートであり、外側の「シュタットーザウン」と名づけられる「くい柵」は、当時の市役所の記録によると散文的で粉飾が多いが、脆《ぜい》弱かつ不十分であったことがわかる。最後の拠《よ》り所ともいうべき城砦は、シュワイツァーホーフの名で現存するが、古い建造物であった。

このあたりは、人家が余りに城砦に近接して家並みが低く、その部分は特に弱く補修が施されていなかったので、新しく堡塁《ほるい》が築かれ柵が設けられた。市街地の内部はストゥベン門からカリンティア門に至る間、古い城壁の内側に壕をつけて二〇フィートの高さの新城壁が増築された。ドナウ川の堤には堡塁をつくり柵がはりめぐらされた。はね橋のある地点からザルツ門に至る正面は、砲兵に対抗できるように土塁をもって防備された。当時の市街地の家屋の屋根は板葺《ぶ》きであったので、砲火に対する用心からすべて取り除かれた。街路の舗装は、トルコ側の銃撃の効果をなくするために撤去された。発生するかもしれない大火災に備えるための見張り所も設けられた。食糧・家畜・馬糧を求めて分遣隊は隣国に派遣された。長びく包囲戦を予想して、役にたたぬ消費者・婦女子・老人・聖職者は、できるだけ市街地から退去するように強要された。このような応急的な防備体制のもとに、サルム伯が指揮者に指名されたのであった。

ウィーンを固める兵力は、歩兵二万、騎兵二〇〇〇、義勇民兵が一〇〇〇余名といわれ、それに七〇門の大砲が用意された。包囲者に利用されない配慮から、近郊の施設はできるだけ破壊するようにとの命令が発せられた。

❖死守されたウィーン

さて、オスマン軍団のほうは、花形部隊ともいうべきイェニチェリが、ウィーンの郊外にある廃墟に陣取った。城壁の展望できる地点は、シュウエハトやトラウト、マンスドルフに至るまでオスマン軍団の帳幕で埋まった。帳幕の数は三万をくだらなかったといわれる。総司令部ともいうべきスレイマンの帳幕は、ジムメリンクの丘陵にあって、ひときわ高くそびえ立っていた。

このときのスルタンの帳幕はみごとなものであった。帳幕の内部には高価な布を垂らして仕切りとし、仕切った部屋には高価な絨緞《じゅうたん》やクッション、ないしは宝石類をちりばめた長椅子の類が調度品として並べられていた。

帳幕の尖《とが》った部分には、どっしりした黄金の握りが装飾されていた。ボディガードとして五〇〇人の射手が日夜警備の任についていた。一万二〇〇〇のイェニチェリ部隊が、玉座のある帳幕の周辺をぐるりと取り巻いて陣を布《し》いていた。オスマン軍団は、豪雨と悪路をついて進撃してきたため、包囲戦に欠かせない巨砲を途中に取り残して、小型の野砲と小銃とがあるだけであった。したがって、信頼できる有効な兵器としては地雷があるだけであった。

包囲作戦は二週間に及んだが、この作戦において城壁や塔の下などに穴を掘る点では、得意の練達ぶりを発揮したし、また最も効果のある地点に地雷を仕掛けることにも巧みであった。だが、得意の巨砲作戦を利用できなかったので、容易に攻略の目的を達することができなかった。包囲された側では、敵の攻撃に対していつ仕掛けてくるか常に監視の目を怠らなかった。

ウィーンの市民の士気は高かった。スルタンの莫大な出費を揶揄《やゆ》する元気と、心のゆとりすらも持ち合わせていたといわれる。

ウィーン包囲

スレイマンは、九月の二九日にはウィーン城内で朝食をとることを内心誓っていた。しかしその朝がやってきたとき、ウィーンの都市は征服されなかった。一〇月九日になって、オスマン軍団はカリンティア門の側面のところに幅の広い裂《さ》け目をつくることに成功した。だが、三回にわたる連続的な急襲も効を奏することなく、裂け目は城兵の手でたちまち修理されてしまった。越えて一一日にも、オスマン側の埋めた地雷によって大きな裂け目がつくられ、三時間にわたって白兵戦が演じられたが、半日にしてオスマン側は攻撃をあきらめざるをえなかった。翌日にも包囲者と被包囲者との間において長時間にわたる攻防戦がくりかえされるが、城兵の抵抗が強くて陥落は望めなかった。スレイマンは立腹した。しかしオスマン側は、厳しい悪天候に加えて粗悪な食糧、それに日々の戦いの疲労などが重なり合い、すっかり意気沮喪《そそう》していた。一四日に最後の攻撃が仕掛けられ大宰相以下、高級官僚の鼓舞《こぶ》激励があったにもかかわらず、ついに攻略目的を達することができなかった。真偽のほどは不明であるが欧州側の言い伝えによれば、トルコの兵士はスペインやドイツ兵の狙撃を受けてたおれるよりも、むしろみずからの指揮者の剣によって果てたいとさけんだといわれている。

上述の『ルズ－ナーメ』に「……時日なく食糧極度に不足す。戦闘うち切りを上策とす……」とあるように、最後の攻撃が失敗すると一〇月一四日、スレイマンは捲土重来《けんどちょうらい》を期して後退を命じた。命令を受けてイェニチェリは帳幕に火を放ち、各部隊はガニメット〔戦利品〕を満載して東方に向けて帰還した。スレイマンとその軍団が東方に去るという報道に、包囲中には鳴りをしずめていたウィーンの教会堂の鐘は、すべてがいっせいに鳴りだした。少し詳述したが、以上のできごとはトルコの歴史のうえでも、また神聖ローマ史上でも有名なできごととなっている。ただし、ことわっておかなければならないことがある。ウィーンが救われたのは、天の時、地の利、人の和に基づくもので、西欧側のいうような〝勝利〟といった性質のものでなく、いわば〝守備体制が堅持された〟ということにとどまる。もしも仮りにウィーンがスレイマンの掌中に帰していたならば、欧州の歴史はずい分と塗りかえられていたことであろう。以来、ハプスブルク王朝は、スレイマンの攻撃再開の恐怖に脅やかされ続けた。反オスマン第二戦線形成のため、イランとの外交交渉にはいるのもこのためであった。

❖カール五世歩み寄る

スレイマンのウィーン包囲による大きなショックからカール五世が立ち直ったのは、一五三〇年ごろであった。スレイマンのねらいがどのような性質のものであるにもせよ、一五二九年のウィーン包囲は、同時代の欧州の君主たちに口先だけであっても足並みをそろえさせるのに役立った。一五二五年以来スレイマンと内通していたフランソア一世すら、この空気に同調せざるをえなかった。フェルディナント大公のほうは転んでもただでは起きなかった。せっかくのこの盛り上がった機運を利用しようとして、イスタンブールに大使を派遣した。ねらいはスレイマンと大宰相のイブラヒム＝パシャに対して、キリスト教国側の軍事力の総結集を誇示・力説して威《おど》しをかけるつもりであった。もしもそれが効果がない場合には、イブラヒム＝パシャに贈賄して一時的な休戦にまでもってゆきたかった。フェルディナントはこの際、スレイマンに対してなんとしても自分の地位を強化する時間を稼《かせ》ぎたかったのである。束《つか》の間のキリスト教側の利益のためにも、また軍団保持に必要な資金の欠乏をカバーするためにも、是非そうしたかった。もちろん、このような見えすいた姑息《こそく》な手段に乗ぜられるような甘いスレイマンではなかった。交渉はだらだらと長びき、何の実りもなかった。だが一五三二年に至るまで、トルコ側ではカール五世への攻撃を展開しなかった。

一五三二年八月に至り、オスマン軍団はドナウ川の支流ラーブ川に臨み、オーストリア国境に二キロの地点にあるケーセグ〔ギュンス〕方面にまで迫るが、カール五世は陸上で、これ以上の対決をのぞまず、むしろ海洋方面からトルコを牽制することが得策であると考え、このためにジェノアのアンドレア＝ドリア提督に命じて、トルコの水域を荒らしまわらせた。結果として双方の間で休戦と歩み寄りとを促進させることとなるので、カール五世の見通しは適中したことになる。一五三三年にフェルディナント大公は和平のために、大使ジェロム＝デ＝ザーラらをスレイマンの宮廷に派遣して、大宰相イブラヒム＝パシャと話し合いにはいった。この結果結ばれた条約によると

㈠　ボヘミア王兼オーストリア大公〔フェルディナント〕はオスマン＝スルタンを父として仰ぎ、かくて大宰相については文書提出に際して兄第の名称を使用し対等とみなさるべきこと

㈡　フェルディナント大公はハンガリーの国土に対しての継承権を放棄し、ただハンガリーの西北部において現実的に支配する所領のみが大公に帰属すべきこと

㈢　フェルディナント大公の掌中に帰したるハンガリーの領土のために、オスマン国庫に対し毎年三万の金貨が支払われること

㈣　フェルディナント大公と行なったこの協約以後、カール五世の側においても和解のため

に大使を派遣すること

(五) オスマン帝国の保護下にあるハンガリー王サポヤイ＝ヤーノシュとフェルディナント大公との間において、オスマン政府代表者の立ち会いのもとに国境線を引き、この境界をオスマン政府の同意のもとに尊重し合うこと

(六) 戦死したハンガリー国王ラヨシ二世の妃マリアの所領に関しては安堵《あんど》さるべきこと

(七) カール五世との間に講和が成立しない場合には、オスマン政府は前者に対抗する行動の自由をもつこと

などで、これを一言に要約すると、フェルディナント大公が、サポヤイ＝ヤーノシュをハンガリー王国の大部分の地域の支配者として承認せざるをえなくなった事情を示している。

なお、オーストリアのオスマン古典史家として有名なヨゼフ＝フォン＝ハムマー＝プルグシュタールによると、オーストリアが初めてトルコとの和解に応じた意図について、利益と名誉を守るための自己犠牲であったと述べている。これで、スレイマンのハプスブルク王朝に対する優越性がはっきりしたことになる。

❖フランス友好同盟

神聖ローマ帝国との関係とはおよそうらはらに、スレイマンの治世は、オスマン帝国とフラ

ンスとの間における政治的接触と友好関係が著しく促進された時代でもあった。

北イタリアに制覇を唱えようとしたヴァロア＝オルレアン王朝のフランソア一世が、これよりさき一五二五年の二月二四日にパヴィアでカール五世の軍団に破られ、王子ともどもにマドリードに拉致《らっち》される事件があり、苦境に追い込まれたフランス側が苦しまぎれに考え出したのが、スレイマンへの政治的な接近であった。このことについてはすでにふれておいた。

ただこの時、フランソア一世の母后は自筆の書簡を携帯させて、大使のジャン＝フランギパニーをイスタンブールに派遣し、正式にスレイマンの助力を要請したことは有名な事実である。「世に聞こえ高い貫禄と名声とによって、スペイン王カールのために捕らえられたわが子の救出を懇請する。」と誌《しる》した書簡に対して、一五二六年二月の日付でスレイマンは返事を与えているが、この書簡は、当時のオスマン国家の偉大さをまざまざと見せつけて余りあるものであり、このスレイマンの尊厳に満ちた応待に対して、フランス側ではどのような受け取りかたをしているかをながめると興味がある。

スレイマンの書簡の書き出しは次の如くである。直訳なのでかたくるしいかもしれないが、

「スルタン＝バヤジット＝ハーンの子スルタン＝セリム＝ハーンの息《そく》、スルタンの中のスルタン、国王の中の国王、皇帝たちの証《あか》し、地表上の諸王朝に王冠を分かち与える者、地上の神の影にて、白海〔地中海のこと〕・黒海・小アジア・ルメリ・アナドル・ルーム・カラマン・

ドルガディル・デアルベクル・クルディスタン・アゼルバイジャン・アジェミ〔イラン〕・シャム〔ダマスクス〕・ハリーブ〔アレッポ〕・ミスル〔エジプト〕・メッカ・メディナ・クドュス〔イェルサレム〕・全アラビア・イエメン〔ヤマン〕その他、わが父祖より継承した諸国《ディヤル》の君主、光り輝くわが剣をもって征服し君臨する地域の君主、われスルタン＝スレイマンは、汝《なんじ》フランス州《ヴィラエト》の王たるフランソアに書を致す云々」

とあってその隆々たる勢威のほどがしのばれる。

フランスとトルコとの関係は、ハプスブルク王朝という共通の敵に対抗する意図から年々緊密の度を加えていったが、一五三五〜三六年という年代は、まさに双方の関係において画期的な時期であった。この年に、相互に最恵国となる同盟が正式に結ばれ、フランスにカピトゥレーションの特典が与えられた年だからである。

❖最初の治外法権

当時トルコは、アルメニアやカフカーズ方面でイランと張り合い、また地中海水域で活発なる活動を展開中であったが、フランスとの同盟を格別に利益のあるものとは考えておらず、さほど政治的・軍事的に重要視してもいなかった。むしろ同盟に熱心であったのはフランスの側で、当時の状況として政治的にも軍事的にも、また通商的にもトルコが必要であった。この同

現在のベイオールの目抜き通り　Alamy 提供

盟の成立に積極的に動いたのは、イスタンブール駐在のフランス大使ジャン゠ド゠ラ゠フォレで、調印は大宰相イブラヒム゠パシャとの間に行なわれた。このフォレは外交官でなく職業軍人で、当時のペラ、現在の繁華街ベイオウルに居を構えていた。

ではここにいうカピトゥレーションとは何か？　一口でいえば、非回教徒外国人を保護する政治上・通商上の特権であった。この特権の先例として、かつてビザンティン皇帝がヴェネツィアやジェノアの商人に対して、コンスタンティノープルに在留する権利を与えたことがあり、この慣行はオスマン帝国にも受け継がれていた。ただし、フランスに与えられたカピトゥレーションは、もっと規模の大きいものであり、オスマン帝国の全土で、通商の自由、航海の安全、免税、居住権や家屋所有権の取得、ないしは自国法による領事裁判権を認める制度となっていた。この制度の設定によって、フランスの国旗が航行安全のパスポートとなり、危険のない海上運輸の保障となった。したがって、他の欧州の商船もトルコの支配水域ではフランス国旗を掲げるのが常態となった。

一方オスマン帝国としては、外国人が母国の法律で事件を処理することを主権の侵害とは考えていなかった。領事の職責は自国民の行為に対して当然責任を負うべきであると考えていたからである。当時スレイマンの国家は、外国人にこのような特権を与えても痛くも痒《かゆ》くもないほど強力であった。外国人居留地の規模は小さく、もっぱら貿易商人の〝溜《たま》り場《ば》〟にすぎなかった。しかも初期のうちは特権が乱用されることもなかった。だが後世にみられる西洋人の東洋——中国や日本を含めて——に対する治外法権は、実にこのカピトゥレーションに源を発しており、これの変質したものと考えてさしつかえない。

このようにしてフランスの地中海貿易の優位体制ができあがり、他の海洋諸国に対し、たとえばヴェネツィア・シチリア・ジェノアなどの通商を制圧することができたのである。

モスレムとの提携とカピトゥレーションの取得によって、フランスは他のキリスト諸国のひんしゅくを買った。だがオスマン帝国内でのキリスト教徒の利益を守る面では、ある程度その役割を果たしたことは争われない。

ただスレイマンにとってカピトゥレーションは、単なる親善の意志表示と通商促進のゼスチュアでしかなかった。ただし、用意周到なスレイマンのこととて、せっかくこのようにして成立したフランスとの友好関係を保持するため、ヴェネツィア政府に対してもフランスと協力し、反面、スペイン及びオーストリアには援助しないように申し入れを行なっている。

ヴェネツィアの国家文書局に保管される史料集のうちに、このことを裏書きするスレイマンの親書《ナーメ・イ・ヒュマユーン》が残されているので、この親書を紹介しておこう。

「〔書式で空白〕花押《トグラ》〔スレイマン〕……フランス王フランソア一世は、わが政府との間に友好関係を保持しており、フランス王との間に結ばれた友好条約は従来通り維持されている。貴下に対しても友好的なわが和約《アヒト・シェリーフ》が与えられている。よって次の如くなされんことを要望する。必要なる場合にはフランス王の側を支持して欲しい。スペイン王カール五世やヴェーチ王〔オーストリア大公〕の弟フェルディナントの側に加担することは不都合であるゆえに、そのようなことはしないで欲しい。このことについては、わが首都に駐在する貴下の使節にも申し入れてあるところ、以上のわが意向を汲み取り、わが親書の趣旨に従うように切望してやまない。

エディルネにて

ヒジュラ暦九二七年シェヴァール月〔一五四一年二月〕」

❖黒海のかなた

一五世紀から一六世紀にかけてオスマン=スルタンたちの鋒先《ほこさき》は、東欧とクリミア半島の中間帯を構成する従属地域、具体的には黒海のかなたにあるモルダヴィア、ワラキア〔ルーマニアの南半〕、それにドナウ川の北辺、カルパティア山脈の西方に広がるトランシルヴァニアに向けられていた。これらの地域は直接征服されたクリム汗《ハン》国を含めて、形の上では植民地化されることなく、オスマン＝スルタンの宗主権を認めながら自治権を保有する、どこまでも貢税支払い国の関係にあった。トランシルヴァニアはトルコ語でエルデルと呼ばれたが、スレイマンはウィーン包囲の結果結ばれた一五三三年の休戦協定で、この地域を軍政長官《ヴォイヴォダ》のサポヤイ＝ヤーノシュに委《ゆだ》ねて、背後からリモート＝コントロールする政策をとったことはすでに述べたとおりであるが、一五三八年に至って、あらためてこの地域に対する遠征にのり出す必要に迫られたのである。

そもそもこの地域は、一言でいえば人種構成が複雑であった。住民の大部分はマジャール系のトランシルヴァニア人であった。彼らはマジャール人のうちでもマジャールといったツラン的意識〔ウラルアルタイ語族の連帯感〕の強い気骨のある進歩的な住民で、有能なる政治家を時おり生み出しているのでも名高かった。信仰する宗教は、プロテスタントのうちでもカルヴァン派を奉じているので、この地域はこの宗派の牙城《がじょう》となっていた感がある。そうした関係上、プロテスタントとして反カトリック的な立場をとる場合には、隣接勢力たるオスマン帝国とかなり容易に結びついて反ハプスブルク的態度に出るが、反面、底流するマジャールの民族意識が高まると、西部ハンガリー〔ハプスブルク王朝に従属〕および中部ハンガリー〔オスマン王朝に従属〕居住のカトリック系マジャール人と結びついて、反オスマン的な態度をとる傾向がみられた。その動きは、あたかも時計の振り子のように大きく揺れ動く状態に似ていた。スレイマンがトランシルヴァニアの遠征を決意した理由は、二人のハンガリー王、つまり東部ハンガリー王〔トランシルヴァニアのヴォイヴォダ〕が西部ハンガリー王フェルディナントと接近し、スレイマンにかくれて密約を結んだためである。どういう密約かというと、サポヤイ＝ヤーノシュには世継ぎがなく、もし万一死去する場合には、東部ハンガリーを西部ハンガリーに併合しようという内容のものであった。これは、モハッチの戦い以来忠誠を誓ったトルコに対する重大な裏切りであった。しかもモルダヴィアのヴォイヴォダ、ペトル＝ラレシュがこれに同調していた。

　モルダヴィアというのは、黒海の西北辺に当たり、カルパティア山脈とドナウ川の支流プルト川とにはさまれる細長い地域で、現在ではモルドバ共和国領のうちにあり、トルコ人はボウダンと呼んでいた。ペトル＝ラレシュは、スレイマンがウィーンを包囲した一五二九年ころから、オスマン軍団に使節を派遣して忠誠を誓うとともに、多額の金貨と馬匹《ばひつ》より成る貢税を支払っていた。しかし、やがてオスマン側の影響力からのがれるため、ハプスブルク王朝のフェルディナントに通じて書簡をとりかわし、政治交渉をひそかに持つに至った。このような態度を反映してか、さまざまの口実をもうけて年貢支払いを渋り、トルコと休戦中のポーランドに対しても領土的野心を示した。いうまでもなく、背後にはハプスブルク王朝の謀略の手が延びていた。スレイマンの情報網は発達していた。この情報を受けとると、まずペトル＝ラレシュを放逐《ほうちく》するために、モルダヴィアに対する遠征をこころみた。

オスマン軍団はプルト川の中流域の要地ヤツスイを手に入れた。結果としてペトル＝ラレシュは追放され、モルダヴィアはワラキア〔ルーマニア〕と同じように緊密にイスタンブールに直結され、オスマン領サンジャク（州）の一つに編入されてしまった。サポヤイは訳もなくスレイマンに屈服した。だがトランシルヴァニア問題は、それで片づいた訳ではなかった。それにはサポヤイの身辺を洗ってみる必要がある。

一五三九年にサポヤイは、スレイマンの取りなしもあり、また当時ポーランドがトルコの影響下にあった事情も手伝って、ポーランド王の息女イサベラと結婚することとなり、翌四〇年八月には男継嗣《だんけいし》をえることができた。だがサポヤイは、それから一五日後に病気で世を去った。時に年齢五三で、トランシルヴァニア－ハンガリー王たること一五年であった。

❖ハンガリー遠征

この事態によって、ハンガリーは新しい道を歩みはじめた。というよりは、欧州側にとっては一つの危機到来と受けとられたのである。というのは、サポヤイの死とともに、遺児のヤン＝ジギスムント＝サポヤイが、トランシルヴァニアの現状維持を主張する党派や、反ハプスブルク派の偶像となったことから、これらの党与は幼い世継ぎを支持してくれるようにスレイマンの保証を要請し、かつまた、世継ぎが乳児の身であるので、フランス王フランソア一世の第三子オルレアン公を、まだうら若いサポヤイ未亡人（母后）と娶《め》合《あ》わせて、後見人にしたい希望を申し入れた。スレイマンはこの願いを聞きとどけて、この乳児をトルコ可汗《ハガン》の名においてトランシルヴァニアのヴォイヴォダに正式に任命し、この旨を全ハンガリー諸州に布告したからである。サポヤイに世継ぎが生まれたことで失望落胆したハプスブルク王朝のフェルディナントにとっては、このような動きはひどいショックであった。たかが半月余の経過で密約は覆《くつが》えされるといった性質のものであるのか？ またどのような権力が支配を続けようというのか？ 幼君主の名ではたしてだれが、フェルディナントとカール五世は従前の密約を楯《たて》にとって軍団を差し向け、フォン＝レッゲンドルフ将軍の指揮のもとにブダを包囲させた。現状改変を好まないスレイマンは、この報道を受けると黙視できず、一五四一年の春、フェルディナントを叩《たた》くために、大臣のソコルル＝メフメット＝パシャに四〇〇〇のイェニチェリや多数のシィパヒーを含めた大軍団を与えて、またもやハンガリー遠征に向かわせた。第三次ハンガリー遠征がそれであった。ソコルルは、レッゲンドルフを含むハプスブルクの軍団に多大の損傷を与え、混乱のうちに敗走させた後、スレイマンをブダに迎え入れた。スレイマンはヤン＝ジギスムント＝サポヤイと母后イサベラの政治顧問たちと会見して後、モハッチの戦勝一五周年を期して、それは奇《く》しくもサポヤイの一周忌にも当たっていたが、ハンガリーの最も重要な部分を、エジプトの処理方法に従ってオスマン帝国の直轄州となし、この属州を統轄するブダのベイレルベイ領〔大守領〕を設けた。このベイレルベイ職には、前のバクダードのベイレルベイで、ハンガリー生まれのスレイマン＝パシャが任命された。ここに改めてハンガリーでは検地が実施された。越えて一五四三年には、フェルディナントが、さらにブダとペシトの包囲の挙に出たので、スルタン親征のもとにハンガリーへの遠征がくりかえされた。第四次ハンガリー遠征がそれである。

その後もオスマンの庇護《ひご》下にあるトランシルヴァニア-ハンガリーの保全のために、スレイマンは努力をつづけた。このような経過をたどって、総じていえばオスマン王朝とハプスブルク王朝の超二大勢力の双方から絶え間なく重圧を受けるハンガリーであったが、このような板ばさみの状態にありながら、その後の歴史の歩みが示すように、けっして独立心を失うことはなかったのである。

地中海における鉄と火

❖地中海の制圧

スレイマンの治世に、オスマン帝国の首都イスタンブールを訪れたことのある一人のフランス人が、次のように述懐しているのが印象的である。

「……陸地から海中にボスフォルス海峡にまっすぐに突出した岬《みさき》がサライブルヌである。トプカプ=サライの王宮は、このサライブルヌの丘の上に建っている。

この地点からアジアへはわずか半時間たらずである。右側にはエジプトやアフリカへの安易な水路を確保するマルモラ海がある。この海のおかげでトルコ人は、この国家の全生産物を有効に活用できる訳だ。この地点の左側からは、黒海とアゾフ海に通ずる水路がひらけている。数多くの河川の水を受け入れ、しかもそれら河川の沿岸には数多くの民族が生活するこの黒海は、北方の全生産物をイスタンブールに届ける役割をなす。このようにして、イスタンブールという都市には快的にして重宝な、しかも有用な物資が四方面からの海洋を通じてすべて搬入

ガレイ船

されるのである。吹く風は船舶が一つの水路から出られなくなると、他の水路から出るのを助ける。この港市の入口は世界で最も明美にしてかつ最も快的な光景を呈する……」

と。この情景描写は今でも変わりないが、一フランス人のことばは、イスタンブールがこのころの中近東の主要物資や商品貨物の一大集散地であり、また限りなき需要をみたす重厚な経済都市として描き出され、さらにそれらの物資の輸送に役立つもろもろの水路が、すべてスレイマンの手に握られ、その庇護《ひご》のもとにあったことをはっきりと物語っている。

このような海洋の諸水路を確保する努力は、すでにスレイマンの治世前から行なわれていた。海洋における無秩序から秩序を生み出す努力は、数代の累積でもあった。かつて一四五三年におけるビザンティン帝国の滅亡は、ダーダネルス海峡の前面に広がるエーゲ海の島嶼やギリシア沿岸の水域を、トルコの領海と化した。さらにクリム汗国の征服は、黒海やアゾフ海をオスマンの湖と化した。またシリア・エジプトの征服は、この帝国の海岸線を著しく拡大した。沿岸の港市と居住民は、海事知識や経験をもってこの帝国に寄与することが多大であった。すでにエジプトを属州化したオスマン帝国は、トリポリからモロッコに至る北アフリカ沿岸に点在する〝海賊君主〟とも、同じイスラム教徒であるがゆえに緊密なる同盟関係にはいることが容易であった。

このようにして水域が拡大すると、制海権を保持するため、オスマン艦艇はしだいに組織化され強大化し、かつ大型化されていった。スレイマンは強大な海軍力によって攻勢的な政策を推進することができたし、また自国の通商網を異端の攪乱者《かくらんしゃ》から守ることもでき、とくに攪乱者の根拠地をも覆《くつが》えすこともできた訳である。

オスマン艦艇を率いる提督は、カプダン＝デリヤ、あるいはカプダン＝パシャと呼ばれていた。一五～六世紀のカプダン＝パシャとして海洋活動の歴史の上で有名なものに、セイディ＝アリ＝レイス、ケマル＝レイス、その甥《おい》に当たるピリー＝レイスなどがおり、いずれ劣らぬ豪の者ぞろいであった。一五世紀の末葉に、落日の感あるスペイン＝モスレムの最後の牙《が》城を援護するために、アンダルシアの海岸にまで派遣されて難民救済に当たり、避難民を北アフリカにまで搬出したのもオスマン艦艇にほかならなかった。とくに、オスマン海軍力が最も充実して地中海を制圧するのは一六世紀で、英雄的な大提督の活躍した時代であった。欧州方面にまで勇名をとどろかした大提督を代表するものとして、バルバロス゠ハイレッディン゠パシャやトルグト゠レイスなどの名をあげることができる。

❖海賊〝赤ひげ〟バルバロス

その世紀の最大の海上指揮者といえば、何といってもバルバロス゠ハイレッディン゠パシャ（一四八三?～一五四六年）であった。バルバロスの素姓は、オスマン王朝に仕えるティマール-シィパヒー〔封建騎士〕のヤクブ゠アーの息子《むすこ》である。ヤクブ゠アーの父アブドゥラ゠アーは、メフメット二世がエーゲ海のミドィルリ島を併合した際に、この島にティマール〔封土〕を与えられたのが機縁となって、この島に住み着いた。この一家は、やがてキリスト教徒の海賊の横行に腹を立てて、海洋冒険者つまり海賊稼業に転向したものであった。バルバロスの一家は四名の兄弟で、四名ともすべて海洋冒険者として名高かった。バルバロス兄弟のうちで最初に名前をあげたのは次兄のオルチ゠レイスであり、かなりの数量の船舶を保有していた模様である。このオルチ゠レイスが一五一八年にアルジェリアのテレムサンという所でスペインの艦隊と戦って倒れると、彼の全船隊はバルバロスの掌中に委ねられた。

バルバロスの名は、このころのヨーロッパ人が恐れこわがって名づけた渾名《あだな》で、〝赤鬚《あかひげ》〟というほどの意味である。バルバロスの根拠地は、アルジェリアとトリポリの中間地帯にあるガベス湾のうちのジェルバ島であった。

当時このあたりは、〝海賊海岸〟の俗称があるほどトルコ人海賊の縄張りであった。バルバロスがこの方面の太守職に当たる〝アルジェリアのベイレルベイ〟の称号を授けられるのもこのころで、威風をのぞんでトルコ系の船乗りたちは、あげてバルバロスのもとに馳《は》せ参じた。

彼はアルジェリアを占領支配すると、コルシカ島とイタリア本土の間に広がるリグリア海に、さらにまたジェノア湾やミノルカ島の沖合いにまで出没して、航行するヴェネツィア・ジェノア・スペイン・フランスなどの商船や艦艇を襲い、地中海をふるえあがらせる、押しも押されもせぬ大海賊《コルサン》となった。

アルジェリアといった、トルコからながめればはるかなる西地中海南辺にある遠隔な地域を、オスマン帝国にかたく結びつける役割を演じたのは、ほかならぬバルバロス＝ハイレッディン＝パシャであった。

このバルバロスの人物の大きさと経歴に目をつけ、力量を見抜いたスレイマンの眼力は流石《さすが》であった。

スレイマンの勅令《フェルマン》による正式の招聘《しょうへい》に応じて、バルバロスがイスタンブールに帰順し帰還したのは一五三四年のことで、直ちに最高の海軍の位階を与えられてカプダン－パシャに任命された。
帰順に際してバルバロスは、「幸福なる記念」としてスルタンの知遇に報いるため、金銀財宝・真珠・珊瑚《さんご》、二〇〇〇人のクル、二〇〇〇人のキョレ、二〇〇〇人のジャリエを含む多大な貢《みつぎ》物を献上したことで、物見高い衆目を驚かすエピソードもあった。クルというのはスルタンに対して奴隷的身分の奉仕者、キョレは一般の奴隷、ジャリエは侍女のことである。

ここにスレイマンの治世中、最も偉大な大提督が〝ドナンマ－イ－ヒュマユーン〟と呼ばれるオスマン艦隊の総指揮をとることになった。

海将としてのバルバロスをたとえていうと、イギリスの大航海者フランシス＝ドレークと、有名なネルソン提督とをオーバラップしたような、大型の指揮者であった。現在、イスタンブールのボスフォルス海峡に面するベシクタシュの埠頭《ふとう》には、バルバロスの巨像が海峡水面に向かって佇立《ちょりつ》し、あたり一帯を睥睨《へいげい》しているので、その雄姿をしのぶことができる。

このようなすぐれた経験豊かな指揮者と、多数の勇猛な乗組員《レヴェント》をえて、スレイマン時代のオスマン海軍力は、「鉄《デミル》と砲火《アテシ》」をもって表徴される強力かつ精鋭なものとなっていった。

「……わがカプダン－パシャ、ハイレッデン〔バルバロスのこと〕に対し、汝《なんじ》〔フランス王〕の意図と構想とに耳を借すように命じ、兼ねてまた行動が汝の仇敵《きゅうてき》の破砕に直ちに向けられるように指令した……」

と、スレイマンがフランスの使節に豪語できたのも、バルバロスの海上勢力があったればこそといいたい。またスレイマンであったればこそ、バルバロスを自由に駆使できたともいいたいのである。

❖守勢に立つイタリア

黒海、バルカン、エーゲ海、レヴァント方面に通商上の権益と属領島嶼をもつイタリアの諸邦は、ビザンティン帝国にとって代わり、新しい地中海勢力として日ましに伸びてゆくオスマン帝国と、早くから、しかも頻繁に苦痛の多い接触をもつこととなった。

一六世紀においてトルコ人が、シリア、エジプト、スエズ地峡、さらに北アフリカの同盟海賊王国と結んで、海上勢力としての地位を強化してゆく過程において、イタリア半島はムスリム側の攻勢に常にさらされた訳である。

時にイタリアはどのような状況になっていたか？　初期一六世紀において、ルネサンス-イタリアの華《はな》やかな都市文明は、取りかえしのつかないまでに損害を受けていた。というのは、この半島が外国勢力――フランス、スペイン、神聖ローマ帝国相互間の、政治的・軍事的な抗争の舞台と化していたからである。しかも、ナポリとシチリアとミラノはスペイン-ハプスブルクの帝国主義体制のうちに組み込まれてしまった。

一方、オスマン対ハプスブルクの両勢力のぶつかり合う地中海においては、イタリアは敵意の最前哨線であった。そのうちでもヴェネツィア、アンコナ、メッシナ、ナポリ、ジェノアなどは、オスマン世界が欧州と接触する場合の最も敏感な接点であった。

そのうちでもヴェネツィアとジェノアの両共和国は、イタリアの社会的・経済的な組織に対して楔《くさび》を打ち込んでゆくオスマン側の圧力を、どう受け止めたかを示す恰好《かっこう》のサンプルであった。一口にいって、この二つの共和国は内部構造と政治的な伝統を著しく異にしていた。まず第一に、ヴェネツィアを例にとってみると、この国は知的なしかも固い地盤をもつ〝商人貴族〟の揺《ゆる》ぎなき独占体制のもとにあった。

これに対してジェノアのほうは、銀行業、国際貿易ならびに封建的な所領や特権によって富力と権力とを築きあげた貴族階層と、大衆層と中小商人ないしは手工業者より成る階層との間に、たえまなく闘争がつづいていた。

ヴェネツィアは、アドリア海に浮かぶ島嶼にあるという地理上の利点をフルに利用して、初期一六世紀にみられるイタリア戦争の渦《うず》のなかに巻き込まれずにすんだし、しかもアルプスのかなたの諸王朝に対しても、独立体制を維持することができた。これに対してジェノアのほうは、その占める位置からフランスとスペインにとって戦略上の要地であるため、双方のいずれかの国の保護のもとに置かれていた。

ただ地中海方面に属領島嶼や港市をもち、利潤の多い香辛料、織物、穀類など、通商上の利益をもつ双方の国家とも、オスマン側の圧力を受けやすいことでは共通点があった。したがって、オスマン側の圧力に耐えて生き抜いてゆくためには、ずる賢く複雑に、かつ粘り強く立ち回る必要があった。必要とあれば外交上のテクニック、謀略・諜報活動、場合によっては海戦と、何でもやってのけた。したがって、ヴェネツィアとジェノアとは、必ずしも内心喜んでという訳ではなかったが、保身のためにはしかたなくスペイン＝ハプスブルク王朝やローマ教皇など、カトリックの牙城とスクラムを組んで、その指導権のもとに立つことに甘んじて、オスマン帝国に対してできる限りの抵抗を示すのが、ちょうど一六世紀、ことにスレイマンの治世であった。

スレイマンの地中海政策推進の前には、常にヴェネツィア、ジェノアと、両国を背後から後援するカトリックの艦艇が立ちはだかっていた。

そうした艦艇の指揮者として選ばれた者は、当時の職業軍人の典型ともいうべきジェノアの実力者であり、ジェノアの提督であるアンドレア＝ドリアであった。

❖プレヴェザの大海戦

一六世紀において欧州のカトリック教国側では、陸上軍団の輸送路を補う意味で、よく海洋を利用することが行なわれ、またフランスやスペインの帝国主義にとって、神経ないし腱《すじ》にたとえるべき金塊や軍需物資の輸送路として、さらにまた諜報活動のために海路を利用することが盛んに行なわれた。この目的のための職業軍人があらわれたのも、自然のなりゆきであった。前に名前をあげたアンドレア＝ドリアの経歴は、まさにこの事情を如実に示している。

最初、アンドレア＝ドリアは傭兵《ようへい》から身を起こした人物であるが、一五一二年四六歳になるまで、海洋に対してほとんど関心がなかったというが、その後、海上にのり出して転々とし、フランス、ローマ教皇、最後にスペインの提督と所属を変えて、海洋での闘争に従事している。持ち船は、最初、二隻のガレイ船からはじめ、やがてフランスからスペインに鞍《くら》がえをする一五二八年ごろは、一二隻の艦艇にふくれあがっていた。スペイン王としてのカール五世の信頼を受け、一五三七年には四五隻のスペイン艦艇と八〇隻のヴェネツィア艦艇、それに二六隻のローマ教皇所属の艦艇を指揮する身分にまでのしあがっていた。

あたかもそのころ、ローマ教皇パオロ〔パウルス〕三世は、次々に属領を失ってゆくヴェネツィアの窮状を救い、かつは犬猿ただならぬカール五世とフランソア一世との仲をとりもつ考えもあって、新しい軍事同盟の締結に一役買って出た。このようにして生まれ出たスペイン、ポルトガル、ヴェネツィア、マルタ、フィレンツェ、ローマ教皇のカトリック大連合艦隊が、アンドレア＝ドリアの手に委ねられたのである。その艦隊の規模は、これまでにみられる欧州の連合艦隊を凌駕《りょうが》するものであった。

スレイマンが上述のバルバロス=ハイレッディンをイスタンブールに招いたのは、このアンドレア=ドリアの海上活動を封ずる意図が十分にあった。

こうした事情を背景として行なわれたのが、世界海戦史上でも有名な一五三八年のプレヴェザ沖の大海戦であった。プレヴェザという港市は、アドリア海の入り口に当たるイオニア海に面するアルタ湾の西北に突出した岬の部分にあり、湾そのものはエピルスとアッティカとを両分する境界点にあるが、当時はオスマン側の重要な海軍の基地であった。

アンドレア=ドリア　アフロ提供

ことの起こりは、オスマン艦隊が、その前年に当たる一五三七年に南イタリアの港市や、エーゲ海にあるヴェネツィアの最後の拠点ナクソス島などを攻撃したついでに、この基地からヴェネツィア領の〝虎の子〟とでもいうべきコルフ島を急襲しようとしたためであった。
カール五世の勅命を受けたアンドレア=ドリアは、オスマン側の海軍基地を叩《たた》き潰《つぶ》すため、またコルフ島救援のため、さらにいえば、地中海での制海権をオスマンから取りもどすために、イオニア海に向かって進撃を開始した。

バルバロスは、接近する敵艦の陣容と位置とを探《さぐ》らせるために、麾下《きか》のトルグト＝レイスに二〇隻の哨戒《しょうかい》艦艇を分かち与えた。トルグト＝レイスは、イオニア海の最も南端に近いザンタ島の付近で、敵の先導艦艇を発見して報告のために引き返した。

一方、オスマンの哨戒艦艇の出没を知ったアンドレア＝ドリアは、全艦隊をコルフ島に集結するために、プレヴェザ包囲の作戦をひとまず断念して北上を開始した。

バルバロスは、直ちに全幕僚を司令艦に召集して緊急作戦会議を開催したが、参謀や幕僚の大部分の意見では、名にしおう敵艦は世紀の大艦隊である。攻撃を仕掛けてくるまでは、湾内にとどまって待機するのが得策であると献策した。しかしバルバロスは、この策を受け入れず、戦いを敗北に終わらせず勝利をつかむためには、敵艦に奇襲を加えるのが上策とした。結果的には、それが効を奏したのである。

かくして、ムスリムとキリスト教両艦隊がぶつかり合うのが、この年の九月二八日に行なわれるプレヴェザ沖の大海戦であった。このとき、バルバロスの率いるオスマン艦隊のガレイ艦は数にして一二二隻、参加人員は二万余、これに対して、アンドレア＝ドリアの率いる全キリスト教艦隊のそれは六〇〇隻の船団より成り、小艦艇を除いた戦艦の数は三〇八隻、参加人員六万余と伝えられているが、実数のほどは判然とせず、オスマン側と欧州側の資料では食い違いがあるので、推測に基づく数字を掲げたつもりである。

戦いはバルバロスの側に幸いした。降りしきる激しい豪雨と、一天にわかにかき曇る晦冥《かいめい》〔くらやみ〕のうちに、キリスト教側はあっけなくも敗走した。戦勝は、事の成り行きを気づかうスレイマンのもとに直ちに報告された。キリスト教側のあげられる敗戦の理由として、欧州側諸国間の相互不信感、嫉視《しっし》、てんでんばらばらの作戦、それに艦艇の老朽化、さらにまた、カール五世が自分の勢力範囲の水域を守ることだけしか考えなかったこと、アンドレア＝ドリアが会議や接衝で疲れ果て、半ば戦意を失い、決戦を渋ったことなどの事情があった。

この結果、アドリア海からオスマン勢力が一掃されるどころでなく、オスマン艦艇はクレタとマルタ島を除く全地中海をわがもの顔にふるまい三日月旗をひるがえしてバレアル群島を急襲し、ツーロンからマルセイユにまで進軍した。フランス王を声援しスペインを牽制するためであった。

一五四六年八月四日に、全生涯を海事に賭《か》けたバルバロスは逝去したが、その後も引き続き地中海水域における制海権は、スレイマンの掌中に保持された。

トルグト＝レイス、ウルチ＝アリ、ハッサン＝レイスのような、当時のトルコにとって貴重なる提督は、いずれもバルバロスの麾下《きか》から生まれた人材であった。

一方、バルバロスの保有したアルジェリアのベイレルベイ領は、はじめバルバロスの息子のハッサン＝レイスについで、バルバロスの養育したサリーフ＝レイスが受け継ぐなどして、ゆるぐことなく、北アフリカにおけるオスマン体制をがっちりとかためていったのである。

❖『海洋の書』

総じていうと、オスマン帝国の提督は、立場上、旺盛《おうせい》な研究心の持ち主であり、また、諸地域の事情にも明るい報道人であった。というのは、海上の指揮者は無学無知な者ではとうてい任務の遂行に耐え得なかったからである。

戦闘、通商、海賊行為いずれにもせよ、一隻の艦艇の長ともなれば、文字の読み書きができ、航海に関する理論的また技術的な知識を有することが、欠くことのできない条件であった。羅《ら》針盤《しんばん》をながめ、海図を駆使し、星座を知り、測天儀《アストロラーブ》を利用して、数理的に艦艇の位置を割り出すことが要求された。このため、名のとおった指揮者ともなれば航海術ばかりでなく、海洋学・天文学・地文学・数学の知識が必要であった。幕僚のうちには、地理的知見に明るい、地方の沿革にくわしい、さらに非常にしばしば接触の機会をもつ、アラビア語・ギリシア語・イタリア語・スペイン語などの会話が堪能《たんのう》で、また、これらの言語の読み書きができる者がまじっていた。なおそのうえ、提督たちは一様に詩人であったことも指摘しておこう。ここに述べようとする『海洋の書』を著わしたピリー＝レイスも、当然のことながらそうした条件に欠けるところがなかった。いくつかの海洋の中を、激しい嵐やら、海賊の襲撃やら、押し寄せる敵の艦艇やらの間を切り抜けるといった、いわば不断の抗争のうちに鍛《きた》えあげられた経歴は、持って生まれた天分と相いまって、この提督を海洋地理学の第一人者たらしめたのである。一六世紀の初頭、ピリー＝レイスは、東に西に直接・間接に海洋や沿海陸地の探索にたずさわり、旧来の地理的知見では、もはや航海者の実用に供しえないことを知ると、自分の手で実地に役立つ海洋案内書をつくり出した。それが『海洋の書』なのである。

　スレイマンに献上したのは一五二五年ごろであった。この『海洋の書』の内容は七つの海すなわちシナ海・インド洋・ペルシャ湾・ゼンジの海〔アフリカ東岸の水域〕・ルーム海〔地中海〕・マグリブの海〔大西洋〕・クルズムの海〔カスピ海〕にふれたもので、中心部分はエーゲ海とアドリア海とを含む地中海の地図と海図である。

『海洋の書』序章

　この地図や海図は、当時の国際的に共通ともいうべき製図学の伝統にしたがって、都市や城塞は赤い線、無人地帯は黒い線、岩石地は黒い点、浅瀬や浜辺は赤い点、暗礁は十字の標式であらわされている。さらにまた、このピリー＝レイスについていえることは、彼が新発見の新大陸に属する海洋・陸地・島嶼の最古の地図の作成者ということである。現在では彼の作成したこの古地図は残片でしかないが、おそらく大型の世界海洋図の残存部分と想像される。このアメリカに関する地図は、ピリー＝レイスの手でさらに改訂版が作成されているが、いずれも時のスルタン－スレイマンに献上されたもので、長らく紛失していたが、一九二九年にトプカプ－サライ王宮の一室で、土砂や塵埃《じんあい》のなかから偶然に発見され、ふたたび日の目をみるに至った。この地図作成に当たって参照された原図とおぼしきものは、おそらくはコロンブスの手になるもので、ハイチ島からスペイン国王に送られたものを、ピリー＝レイスらが偶然の機会に入手したのかもしれない。

Ⅲ

世界のトルコへ

東進と南進と

❖トルコとイラン

ティグリスとエウフラテス両河の流域の低地に当たる肥沃《ひよく》なメソポタミアは、アラブの「征服時代」からイスラム帝国の重要属州を構成していたが、アッバース王朝の没落後、この地域はイスラム圏諸勢力の争覇の対象となっていた。時代は移り変わり、スレイマンの時代にはトルコとイランとの争奪地であった。

すでにスレイマンの父セリム一世は、イランを政治上の対立勢力としてながめ、ことにシーア派の装いをこらしたリバイバル-イランに対して宗教的な敵愾心《てきがいしん》を爆発させた結果として、カスピ海の西方、アゼルバイジャンにあるウルミア湖（レザー湖）畔に近いチャルドランで、サファヴィ王朝の英主シャー=イスマーイールの率いるイラン軍団と対戦しているが、このような関係は、その後も改善されることなく、一九年間も条約なしの休戦状態がつづいた。この情勢をそのまま引き継いだのがスレイマンであった。というのは、チャルドランの戦いの後、サファヴィ王朝は、セリム一世がエジプト遠征に転じてマムルーク王朝に鋒先《ほこ》を向けたことをよいことに、小アジア方面への勢力挽回《ばんかい》を図り、とりわけセリム一世の死はサファヴィ王朝を元気づけた。事実この王朝は、小アジアの東部やメソポタミア、カフカーズに領有を保持しつづけることが可能となった。当然のことながら、それらの地域はオスマン王朝の拡大領域であった。オスマン王朝は、イランの影響力を除去する決意をかため、このことは同時に海洋政策との関連において、バスラ湾、カスピ海に進出したい意欲とからみ合っていた。

一五三二年におけるメソポタミアの情勢は、スレイマンの意欲達成のために一つの機会を与えた。では、当時この方面はどうであったか？　ただ北部だけがオスマン王朝に属していたのであり、中部及び南部はサファヴィ王朝の属州を形成していた。この地域に居住するアラビア人の半数近くはシーア派に属し、サファヴィ王朝との紐帯《ちゅうたい》関係を深めていた。たとえば、ケルベラ・ネジェフのようなシーア派にとって最も重要な聖地も、この地域に点在していた。したがって究極的にバグダードを保有することは、イランにとって王朝の威信にかかわる問題となっていた。

しかし、オスマン王朝がエウフラテスとティグリス両河の下流を自領に編入し、バスラ湾に到達できる絶好の機会が、先方から訪れたのである。

というのは、当時イラン側が任命したバグダードの太守ズルフェキャル＝ハーンという人物が、シャーとの間に確執を生じ、一五二九年のはじめに、この地域の管理権を委ねたいと申し入れてきたことがそれである。この者はスレイマンの名称を祈禱句《きとう》におり込んで神に唱え、ひそかにバクダード城市の鍵をイスタンブールまで届けてきた。事態の急変をみたサファヴィ王朝のシャー＝タフマスプは、大軍を率いてバグダートを包囲する一方、手を回してスレイマンと内通した太守の側近を買収し、主人を殺させたので、かろうじてバグダードはイランの掌中に残された。

このとき、あたかもスレイマンはウィーン進撃の途中で、このできごとの報告を受けたものの、緊急に兵力を割《さ》いてバグダードに差し向けることもならず、見殺しにするよりほかにしかたがなかった。

ところが、またまた一五三一年に至って、これに類似するできごとが発生した。というのは、イラン側のアゼルバイジャン太守のウレマ＝ハーンという人物が、シャーとの間に間隙《かんげき》を生じ、スレイマンの側に帰属するという事件がそれであった。このウレマ＝ハーンは、もともと小アジアの地中海に面するアンタリアの生まれで、バヤジット二世の時代、まだ年若いテイマール＝シィパヒー〔封建騎士〕であったころ、シーア派に帰依した関係で、サファヴィ王朝に靡《なび》いた人物であった。スレイマンは帰順してきたウレマ＝ハーンに、ベイレルベイ職とパシャ領を授けた。

ちょうどこのころ、この動きとは正反対に、スレイマンに従属するビトリス城市とその周辺で領主権を行使するクルド族の族長シエレフ＝ハーンが、スンニー派回教徒であるにもかかわらず、イラン側に寝返り、オスマン王朝権力に対抗するため、シャー＝タフマスプからの援助を求めるといった、いわばすれ違いのできごとが発生した。シエレフ＝ハーンの離反は、父祖伝来の土地が没封の憂き目にあうのではないかと懸念《けねん》してのことであった。

果然ウレマ＝パシャは、このシェレフ＝ハーンに代わって、ビトリスのベイレルベイに任命された。ウレマ＝パシャは、ビトリス城市をシェレフ＝ハーンから奪取するためには一戦を交える必要があった。シェレフ＝ハーンの背後には、イラン側の緊急援助軍団が控えていたからである。

このような一連の事件は、スレイマンの東方属州を分離して他国に譲り渡すこと、つまりオスマン-レジームに罅《ひび》を入らせる事態と考えられた。

❖メソポタミアの吸収

オーストリアのフェルディナント大公との和平を取りつけたスレイマンは、小アジア東部地区の反乱分子を陰で操縦するイランに挑戦するため、一五三三年九月の末に大宰相イブラヒム＝パシャを総司令官に任命して、イスタンブールを出発させた。イブラヒムは元来、キリスト教徒の子弟で、宮廷に仕える小姓《こしょう》から身をおこし、スレイマンの妹の女婿《むこ》となった人物であるが、当時、権勢並ぶもののなき隆々たる実力者であった。

イブラヒムの率いる軍団は、シャー=タフマスプが、首都タブリーズからすでにホラサン方面に向かったとの情報をつかんだため、アレッポからバグダードへの道をとらず、直接タブリーズへの直線コースを選んだ。晩秋の寒気と折からの雨とが行軍を悩まし、途中の山岳の狭い険阻《けんそ》な峠道は困難をきわめたが、タブリーズはほとんど抵抗なしに占領することができた。

イブラヒム=パシャは、この地に滞留して越冬した。翌春、スレイマンの別動隊と合流するためであった。このようにして、モスールとバグダードを攻略すべき手はずは着々として進んだ。サファヴィ王朝は、戦略的に一時メソポタミアから撤退するつもりか、戦らしい戦を仕掛けてこなかった。バグダード城内では、シーア派と反シーア派とがそれぞれの指導者のもとに抗争が勃発《ぼっ》して、攻略のためにはほとんど包囲攻撃の必要すらなかった。

サファヴィ王朝の任命したバグダード太守はひそかに逃亡して、この地の東北約五〇キロの地点にあるハナキンで、シャー=タフマスプ派遣の軍団と合流した。イブラヒム=パシャは一五三四年の七月にバグダードに入城し、ついで一一月の三〇日にスレイマンが到着した。

スルタンと大宰相は、新しく従属した人々に忠誠を誓わせるために、あらゆる努力を払った。たとえば、アブー=ハニファの大寺院はイラン人のため廃寺と化していたが、今や大々的に再建され、灌漑水路や堤防などは修理され、産業振興策がとられた。スレイマンにとってメソポタミアの取得は、エジプトの攻略などとは異なり、単に国境線を東方に拡大したにすぎなかったが、イラン人は、そうは受け取らなかった。というのは、心理的には非常にショッキングなできごとであったからで、ケルベラやネジェフのような、シーア派回教徒が崇拝してやまぬ聖者の眠る墳墓の地を奪いとられたことを意味した。スレイマンは一五三五年七月にバクダードからタブリーズにおもむき、翌年北シリアの要衝アレッポを通ってイスタンブールに帰還した。

このようにしてメソポタミアは、一七世紀の二〇年代の短い期間を除いて、二〇世紀に至るまでトルコに支配されることとなった。アラブ世界は、エジプト、シリア、メソポタミア、北アフリカなどそのことごとくオスマン領に属し、スレイマンは、今は押しも押されもせぬアッバース朝カリフの後継者をもって任じた。

イスラムの中心地は、まさしくイスタンブールであり、バグダードやカイロはイスラムの中心地ではなかった。ただし、トルコとイランとの抗争は、これで終止符を打つ訳でなく、イラン本土に対する遠征は、一五四八年、一五五三年、一五五四年と、しばしば繰り返され、機動力を発揮してオスマン軍団と闘うサファヴィ王朝の抗戦にぶつかるのである。一五五五年、あたかも西方では神聖ローマ帝国で、例のアウグスブルク宗教和議の成立する年であるが、この年になって、ようやくオスマン-イラン間の和議とでもいうべきアマスィア休戦協定がスレイマンの命令で結ばれるに至り、セリム一世以来、はじめて両者の関係の調整が行なわれたことになる。スレイマンの外交的手腕の一端ともみるべきであろう。

❖中央アジアとの関係

イランのシャー＝タフマスプからの特使が、イスタンブールの王宮を訪れているちょうどそのころ、絹道《シルクロード》の中継点で物資の集散地として古くから栄えた、サマルカンドとブハラに拠《よ》るウズベク族シャイバーニ朝の君主から、はるばる書簡が届けられた。元来、アムダリアとシルダリアの中間河域は、アラビア語でマワラン-ナフルと呼ばれるが、この地域を支配圏とするシャイバーニ朝の君主は、イランのサファヴィ王朝と常日ごろ反目し紛争中であった。この王朝を指導者に仰ぐ部族は、元来はモンゴル系ながら、すでに言語・文化的にトルコ化した、いな東方トルコ族の一派とみなしてさしつかえないが、イラン東北部ホラサン州と地つづきの中央アジアの情勢に対する、スレイマンの対処のしかたをながめるためには、この中央アジアのスンニー派小国家としてのシャイバーニ朝とオスマン帝国との関係に、一応ふれておく必要があろう。

その関係を一言にしていいあらわせば、宗教的・政治的な敵対関係から、サファヴィ王朝打倒という共通の目標のための、政治的・軍事的な同盟関係の樹立であった。

それはまた、このころから、ようやくカスピ海北辺への勢力浸透をもくろむ、モスクワ大公国に対する警告とも考えられないことはない。

スレイマンにとって、ハプスブルク王朝が欧州での最大の敵とすれば、アジアでの最大の敵はサファヴィ王朝であった。この王朝は、一五〇二年にトルクメン系の外来王朝とでもいうべきアクコユンル部〔白羊朝〕を倒してから、広域イランの再建を意図したので、当然のことながらホラサン方面を含めて失地回復の念願に燃えていた。この一点だけでも、マワランーナフルのウズベク政権シャイバーニ朝とは、おのずから対立関係に入らざるをえなかった訳である。

サマルカンドを首都とするこの王朝は、一五〇〇年ころから九九年まで約一世紀つづくが、オスマン帝国とは地域的に遠く離れていたとはいえ、心理的には友好意識が流れていたことは争えない。ことに反シーア・反サファヴィ的な感情が、双方をしっかり結びつける紐帯であった。裏には通商的な利益に対する配慮もあったであろう。具体的なあらわれとして、シャイバーニ王朝のウバイドラ＝ハン（在位一五三三〜三九）が、スレイマンに協力するため、スルタンがメソポタミアに遠征中、ホラサンに出兵してビスタムやダムガンなどの城砦を占領した動きは同盟の意志表示として受けとれるのである。

スレイマンからはるばる送られた日付のない親書によると、ウバイドラ＝ハンの子で、ブハラの太守アブドュル＝アズイズ＝ハンの時代には、双方の関係は、ひとしお緊密化された模様

トプカプ-サライ宮殿の入口（右）
壁面の装飾（左）　Alamy 提供

であり、さらにアブドュル＝ラテーフ＝ハン（一五四〇〜五二）とも、きわめて親密な友好関係を保持していたことが、スレイマンの一五五〇年五月三一日付の書簡において認知できる。

なおスレイマンはシリアのアレッポに進撃中、わざわざ寸暇を割《さい》てアブドュル＝ラテーフ＝ハンの使者に謁見しており、その際、ヒジャーズへの往復の保証と重ねて双方間の同盟強化を確認し合っていることがそれである。

ことに、アズイズィの筆名で詩人として知られるブハラ太守アブドュル＝アズイズ＝ハンに対し、スレイマンは援兵として三〇〇人の厳選されたイェニチェリ部隊と、性能のよい大砲や小銃を、イスタンブールから送るなどの援助を行なっている。

この部隊は、中央アジア方面ではもっぱら「ルーミ」と呼ばれて、最良の部隊の名をほしいままにした。この地域での反シーア的な抗争の展開に、陰の力としてスレイマンが寄与した助力を見のがしてはなるまいと思う。

このとき、スレイマンが派遣した「ルーミ」兵の勇武とともに、その使用する性能のすぐれたオスマン帝国製の「ルーミ銃」は、東アジア方面までその名が喧伝され、やがてトルコから輸出品として、中央アジアからシルクロード経由で葱嶺《パミール》を越え、明朝治下の中国、北京にまで搬入され、「嚕密銃」（音訳）として珍重されたことが、明代の科学書で、万暦《ばんれき》二六年（一五九六年）に趙士禎《ちょうしてい》の著わした『神器譜《しんきふ》』という著述によって明らかにされている。その嚕密銃と西洋銃と倭銃との比較論は興味深いものであり、やがて「嚕密銃」は、文禄《ぶんろく》・慶長《けいちょう》の役《えき》に際して、朝鮮半島で、日本製の倭銃と対抗し、性能を競い合う寸前の事態を現出する。東西交渉史上での一つのエピソードとでもいうべきものであろうか。

❖ポルトガルのインド進出

オスマン帝国のアラビア海、ペルシャ湾、インド洋など、東方水域における活動は、この方面に対するポルトガルの戦略的な動きと関連していた。一六世紀ごろに至るまで、アラビア人、インド人、ペルシャ人、トルコ人など、おもに回教徒の船主たちが独占権を保有した水域に侵入してきたポルトガル人は、ムスリム側の通商網を破壊するなど、広い海洋をわがもの顔にふるまい、その勢力は、スレイマン時代にはインドの西海岸グジャラートに達していた。

ここでグジャラートの地域を一応説明すると、この地域はラジプータナ砂漠と、アラヴァリ山系ならびにヴィンディア山脈と連なる丘陵地帯とによって、一応インドの他地域と切り離された地形であるため、長らく回教徒勢力の浸透しにくい、いわば袋小路のような地域であった。

ただ海上の交通がきわめて便利であるという点と、さらに良好なる気象条件に恵まれた沃土《よくど》、それにカムバイ、ベンデリーデヴ〔ディユ〕、あるいはスラトといった通商の拠点から流入してくる富財など、利点といえば、すべてが海洋に面する地形に負うところが大きかった。これを要するにペルシャ、アラビア、紅海沿岸など中近東方面との商取り引きと、さらに沿岸伝いの交易とが、グジャラートを海洋国家として繁栄させる要因となった。

この地域がイスラムの属州と化するのは一三世紀の末葉ごろからであり、一三四二年に、アラビア人の大旅行家イブン＝バツータは、グジャラートにあるいくつかの港市を訪れ、カムバイ都市の通商と繁栄、それに戦略的位置について縷述《るじゅつ》している。一四世紀末から一五世紀の初めにかけて君臨するムザファル＝シャーの治世には、この地域はよく治まり、通商上の利潤によって、支配者の国庫は潤い、回教寺院《モスク》、学林《メドレセ》、王宮、墳墓などの造営が盛んとなった。さらに降ってマフムド＝シャー（一四五八～一五一一）の時代には、数多くの艦艇をも保有することとなった。東方水域に多大の緊張感をもたらしながら東進するポルトガル人が、インドの西海岸に姿をあらわすのは、このマフムド＝シャーの時代のことで、以来この王朝の歴代諸君主たちは、南インドにおける政済的立場を自覚してか、はるかにエジプトのマムルーク王朝と協力して、自分の水域に侵入してくるポルトガル人に対抗したのである。しかし、マムルーク王朝がオスマン帝国のために滅ぼされてからは、ポルトガルの提督のために圧迫を受け、ディユを奪われるなど、しだいに斜陽落日の感を深めていった。一五七三年ムガル帝国に併合されるまでの時期において、グジャラートが頼りになるイスラム王朝としては、オスマン帝国以外には見出されなかった。

さらに目を転じて、ヴィンディア山脈の南のかたデカンの卓状高原をながめると、オスマン族でこそないが、やはりトルコ系のムスリム-スルタン政権バフマニー王朝があり、一時この地域の地方君侯たちを、名目上だけではあるが従えるなど盛世を迎えたが、やがて分解作用が起こって、ビジャープルのアディル=シャーの政権、ゴルゴンダのクトブ=シャーの政権、ビダールのバリト=シャーの政権、アフマドナガルのニザム=シャーの政権、ベラルのイマド=シャーの政権など、群小政権が併立していた。

それらの小政権は、大ムガル帝国の形成に至るインド-イスラムの歴史の上からながめると、文字どおり辟地の泡沫《ほうまつ》政権でしかなかったが、スレイマンとのつながりはどうであったか？一言でいえば、オスマン艦艇派遣による援助関係の設定であった。

❖インドへの進出ならず

ところで、ビジャープルのイスラム政権は、コンスタンティノープルの攻略者メフメット二世の兄弟が、スルタン位の継承問題の紛争から亡命して、この地に渡り、つくりあげたものという伝承が、まことしやかに伝えられている。もちろんトルコの史家も信用していないし、また信頼度もきわめて薄いが、このような伝承が生まれるところに、オスマン帝国とインド方面との関係をうかがわしめるものがある。

スレイマンの治世は、オスマン帝国がスエズ地峡から紅海にのり出した時期に際会しており、ポルトガルは、スレイマンという強豪を前にしては、沿岸航路にもせよ公海航路にもせよ、海上ルートの保持がなかなか困難であることを思い知らされた。

スレイマンは、インドの社会不安や無秩序な状態に対しても敏感であった。スルタンの胸のうちには、イスラムの盟主としての貫禄において、ムスリムに対して銃口を向けてくる不遜《ふそん》な異端ポルトガルの提督や艦艇などを、インド洋、アラビア海、さらに時折出没する紅海水域から放逐し一掃する使命感と、一方また自分の帝国のために、グジャラートその他の地域を所領ないしは勢力圏として確保しておきたい念願に燃えていた。

一方、グジャラートのスルタンの如きは、最強のイスラムの盟主スレイマンと軍事同盟を結んで、オスマン帝国を自分のうしろだてとしておきたかった。このため、グジャラートのスルタンは、使節を遠路はるばるイスタンブールにまで派遣しており、その際には莫大な金品を贈っている。

スレイマンはこの要請に応じて、直ちにスエズ地峡に面する紅海岸にオスマン艦隊の兵站《へいたん》基地を設営し、大々的な準備はカイロで行なわれた。一七世紀のオスマン古典史家キャテーブ＝チェレビイの『オスマン海事史』によると、強力な銃砲をもって重装備された二四隻のガレイ船や、多数の小艦艇、総計六六隻がグジャラートのために建造され、七〇〇〇名のイェニチェリを含む二万の戦闘員が動員されたとある。指揮者として、大宰相級のハドム＝スレイマン＝パシャが選ばれ、本格的な救援活動が行なわれるのは一五三五年のことであった。この時のスレイマンの命令書を引用すると、

「ミスル〔埃及〕のベイレルベイ〔太守〕たる汝《なんじ》、スレイマン＝パシャは、直ちに余が訓令を受けて、汝の所持品いっさいを用意し、ジハード〔異端に対する神聖戦争〕のためにスエズにおいて準備にとりかかってほしい。なおまた艦隊を艤装《ぎそう》し整備し、十分な兵力を召集してほしい。

汝はインドに向けて出帆し、インドの港市を掌握して道路を遮断《しゃだん》し、メッカ、メディナへの道を封鎖してほしい。汝はポルトガル人の極悪所業を払いのけ、彼らの旗を海から取り除いてほしい……』と述べている。

ハドム＝スレイマン＝パシャは、ポルトガル人に対して冷厳な側面をもつ老巧《ろうこう》な指揮者であった。指配下のオスマン艦隊は一五三八年六月一五日（トルコ側の資料では二二日）に、グ

ジャラートに向けてスエズ地峡の基地を出帆し、隊伍《たいご》堂々紅海を東南下した。必要な物資・資材の一部は、キリキア〔小アジアの東南岸〕やギリシア方面の港市から輸送された。オスマン艦隊は、インドの西岸にあるカティアワール半島の沖合いから、ポルトガル人がすでに占領し城砦を構築しているディユに対して、包囲作戦を展開した。だが折悪しく激しいモンスーンに見舞われて船艇は破損がはなはだしく、しかも具合の悪いことには、船腹深く秘められていたおびただしい数量の騎兵用の鞍《くら》や馬具・武器の類が流れ出し、その一部が海辺に漂流した。

騎兵用の装備は、海戦を主体とするディユ城砦包囲作戦には不必要であった。このため、グジャラート側では、オスマン側の真意を疑った。異端から解放するという目的以外に、グジャラートそのものを支配下におく意図があるのではないかと憶測し、このためグジャラートとオスマン帝国との関係は急速に冷却化していった。このようにしてイスラム側が割れてしまってはしかたがない。

戦力はにぶり、やがてオスマン艦隊は、みるべき戦果もなく、置土産《みやげ》として、運搬してきた巨砲を放棄して帰国してしまった。とはいえ、ハドム＝スレイマン＝パシャの帰還後といえども、東方水域におけるオスマン艦隊の活動は停止してしまったわけではない。ハドム＝スレイマン＝パシャのあとを受けて、紅海、アラビア海、ペルシャ湾方面の、ピリー＝レイス提督の活動がみられるからである。ピリー＝レイスは、前述の如く、有名な『海洋の書』の著述者であるが、西力東漸《せいりきとうぜん》の滔々《とうとう》たる時世の流れには如何とも抗しにくかったのである。

スレイマンの意図は、インド洋においてイスラム通商を再建することにあったが、それは結局達成されなかったことになる。

❖ナイルの黄金

気宇《きう》の雄大なスレイマンのことである。自分の帝国がエジプトまで広がりをもっている以上、ナイル川の上源に対して南進的な意図をもつに至ったことも、自然の成り行きといわなければなるまい。そのあらわれが、スーダン及びエチオピアに対しての征服事業であり、またその結果としての新しい属州の形成がある。それは一六世紀の世界的な風潮とでもいうべき新しい金鉱の探索と関連するものであった。

オスマン王朝のエチオピア方面に対しての意図は、疑いもなく、スーダン方面から時折エジプトに運搬されてくる黄金を占有する問題がからみ合っていた。だが単にそればかりでなく、他の一つの要因としてあげられるものに、東方貿易の独占意欲があった。

インド洋でポルトガルの優勢を崩すために、スレイマンがピリー＝レイスや、セイディ＝アリ＝レイスなど、指折りの提督に命じて艦隊をもって対抗させたことは、上述のとおりであるが、エチオピア方面の遠征にさし向けられたのは、イエメンのベイレルベイ職にあるウズデミル＝

スレイマン大帝　個人蔵。 アフロ提供

ベイ〔後にパシャ〕であった。

このウズデミルはマムルーク系出身の隊長の息子で、カイロに生まれた関係から幼時よりアラビア語に熟達し、エジプトはもとより紅海沿岸の状況にくわしかった。彼は、スレイマンの父セリム一世がエジプトを征服してのち、オスマン軍団にはいったもののようである。彼の才能を認めてとり立てたのは、前節で述べたハドム＝スレイマン＝パシャで、やがて、スレイマン大帝によって南アラビア、イエメンのベイレルベイ職に任命された。ウズデミルがイエメンに行政官として滞在した期間は一五四五年から五四年までの一〇年間であるが、在職中にはこの方面におけるオスマン領土の拡大につとめ、イエメンの山岳部をも平定している。一五四七年には主要都市のサヌアをも手に入れている。彼は自己の裁量に基づいて、ハドラマウト、ヒジャーズ方面における行政管理の改革にも手を染めている。慧眼《けいがん》なる彼は、イエメンの対岸にあるエリトリア、ソマリア、エチオピアなど、アフリカ本土の経営にも着目した。このことが彼をして船艇をもってナイル川上流にまでおもむかしめる動機となった。ウズデミルは、ヌビアにはいり、さらに転じてカッサラ地方の中心地スアキン〔紅海西岸〕方面にまで達している。

ウズデミルの、この遠征の成果を高く評価したスレイマンは、スーダン及びエチオピアへの遠征事業を継続するように命令を下している。命令書によると、エジプトのベイレルベイに対しても、ウズデミルが必要とする兵力・船舶・武器・弾薬その他必要物資を供与するようにとの趣旨がしるされている。

このような準備のもとに行なわれたのが、エチオピアに対するオスマン＝レジームの設置であった。すなわち、エリトリアの全域とソマリアの重要部分とエチオピアを、一つの国家にまとめたことと、従来、名目上エジプトのベイレルベイに従属していた地域を一個の行政単位と化したことである。

これには異説もある。すなわち、南部ソマリアとエチオピア、それにスーダン南部がオスマンの保護領となったのであり、エリトリアと北ソマリアと、スーダン北部、それに紅海に面する狭長地帯が、オスマン直轄領化したという説である。

ウズデミルの、エチオピアのベイレルベイ在職期間は一五五五年から六二年とされている。彼は傘下に三万の兵力を備え、そのうちには、わざわざイスタンブールから着任した一〇〇〇名のイェニチェリ狙撃《そげき》隊があり、なおまた三〇〇〇名の兵力は、カイロから派遣されたものであった。ウズデミルの後継者は、息子のオスマン＝パシャであり、一五六七年イスタンブールに召還されるまでの五年有余、この地域の行政管理に当たったが、父ほどの切れ味はなかったようである。

最後の遠征

❖紛争の種ハンガリー

ふたたび中欧方面に目を転じよう。ところで、ドナウ川とタイス川との中間に広がる大平原のうちにあるブダのパシャ領（ハンガリー中央部）は、中欧に打ち込まれたオスマン帝国の大きな楔《くさび》であった。その大きな楔は、ハプスブルク王朝の所領たる西部ハンガリーと、トランシルヴァニアの君主領《ヴォイヴォダ》とを距《へだ》てるうえで、重要な緩衝地帯としての役割を果たしてきた。さてトランシルヴァニアでは、サポヤイ＝ヤーノシュが一五四〇年に逝去した後は、未亡人のイサベラが、遺児の成人した暁には、トランシルヴァニアの君主とするというスレイマンの約束をたのみに養育に専念し、クロアティア出身で、フラテル＝ゲオルギオスの別名をもつマルティヌズイ司教が、摂政《せっしょう》として政治上の実権を握っていた。この司教は、かつてはサポヤイ＝ヤーノシュの政治顧問であり、現にマジャル＝ナショナリズムの鼓吹《こすい》者であり、またその中心人物であったが、サポヤイの遺児が成人するにつれて、自己の権力保持のために、ひそかにフェルディナントと内通して、トランシルヴァニアをハプスブルク王朝の支配下に置こうとする密約を結び、国会もこれを承認する立場をとった。この動きは、トランシルヴァニアをオスマン勢力圏から引き離そうとするハプスブルク王朝の画策とも一致していた。

スレイマンは、このような背信行為を責めるため、大臣の一人ソコルル＝メフメット＝パシャに進撃を命じた。ソコルルはボスニアのソコルの生まれで、後述する如くキリスト教徒男童出身、いわゆるデウシメル官僚の一人であり、のちに大宰相に就任する大政治家であった。〔一三六頁参照〕

これが一五五二年から翌年に至るハンガリー遠征で、ソコルルはリッパ〔リポヴァ〕地区を占領した。

マルティヌズイ司教は、トルコに対する大規模な反乱を用意し、フェルディナントからの援軍やこの方面に派遣されたスペイン兵の守備隊と合流しようとしたが、トルコ側と内密に通じているとの疑いをもつフェルディナントのさし金で暗殺されてしまった。その後、トランシルヴァニアの帰属をめぐっての、オスマン対ハプスブルク両王朝の敵対関係は、約一〇年間つづくが、フェルディナントが、当時の欧州情勢からスレイマンとの和平を考慮するに至って、不安定ながら、一応の講和条約が一五六二年六月一日に結ばれた。このとき、フェルディナント大公は神聖ローマ皇帝フェルディナント一世を名のり、その大使として、かの有名なビュスベックが衝に当たっている。

❖マルタ島の攻略成らず

地中海のほぼ中心部、シチリア島と北アフリカ大陸の中間水域に浮かぶ小島嶼がマルタ島である。この島は、中部地中海随一の良港をもち、その地理的位置と相まって戦略的な価値は抜群であった。この状況は二一世紀の現今でも変わりない。一五二一年にロードス島を失った「宿なし」のセント-ヨハネ騎士団が、ハプスブルク王朝のカール五世の特別の図らいで特にこの島を所領として与えられ、同時にスペインに所属するトリポリ地区の警備をも兼ねることになっていた。この騎士団の役割は、シチリア海峡の、いわばカトリック教国側の「生命線」を守る義務を負わされていた。

騎士団の側からながめれば、当初は必ずしもこの新しい居処については不本意であったようであるが、それでも速やかに要塞化を図ることに専念した。

一五六五年の春、老いてもなお疲れを知らぬスレイマンは、あとに述べるような宮廷の内紛がつづいた直後にもかかわらず、騎士団に対して「追い討ち」を仕掛けた。スペイン-ハプスブルク王朝とくにフィリッペ二世に対抗するため、途上に横たわる障害物をとり除くためであった。

このときのオスマン側の編制は、陸兵はルズ＝アフメット＝ムスタファ＝パシャが率い、艦艇はダマト＝ピアレ＝パシャが指揮をとり、総指揮はトルグト＝レイス〔のちにパシャ〕に委ねられた。

本来、この豆粒大の小さな島は、カトリック教国側にとっては必ずしも防壁とはなりえなかった。いわば、単なる哨戒《しょうかい》監視点にすぎないはずであった。騎士団の保有するガレイ船が、二〇〇余隻の大船団より成るオスマン艦隊には、とうてい対抗できるものではなかった。

果然この年の五月から六月にかけて、四五〇〇名のイェニチェリ、三五〇〇名のルメリーのティマール-シィパヒー〔封建騎士〕、八〇〇〇名のアナドルのティマール-シィパヒーより成るオスマン側の猛攻で、島内にたてこもるサン-エルモ城砦の守備兵は全滅した。だがサン＝ミカエル城砦をささえる騎士団長で、フランス人のジャン＝ドラ＝ヴァレット＝パリソの戦略的なかけ引きが、よろしきをえたため、スペイン-ハプスブルク王朝からの援軍が到着するまでよく持ちこたえ、結局スレイマンは、マルタ征服をあきらめざるをえなかった。

マルタ包囲中、ローマ教皇が、全キリスト教徒に対して勝利の祈禱を捧げるように呼びかけたことは、西欧の歴史のうえで、あまねく知られるところである。マルタ島包囲作戦におけるセント-ヨハネ騎士団のこの成功は、やがてヴェネツィア領キプロス島をトルコの手に渡すまいとして、ローマ教皇、スペイン、ヴェネツィア、ジェノアなど、カトリック系の連合艦隊の大結集をもたらす誘因となった。もっとも、それは後日のことに属するのだが。

スルタンの親征でこそなかったが、マルタ島攻略の不成功は、敗けぬ気の粘り強いスレイマンの心にわだかまりをつくった。当然はけ口の方向は、ハプスブルク王朝の本拠を衝《つ》くことに向けられるのである。それがシゲトヴァルへ進撃する契機となる。シゲトヴァルというのはドナウ川の支流ドラヴァ川の上流に面する城市で、スラヴォニア〔現在クロアチア共和国〕国境に近い戦略上の重要地点であった。

❖運命のシゲトヴァル

地中海制覇の一環としてのマルタ島包囲が行なわれる以前に遡《さかのぼ》るが、一五六二年にハプスブルク王朝の大使ビュスベックを仲介として、神聖ローマ帝国とオスマン帝国との間には、八か年の和平が取りきめられた。それから後二年にして、当事者たるフェルディナント一世が病歿したことは、ふたたび両者が戦闘にはいるきっかけとなった。スレイマンは、新帝のマキシミリアン二世に対して、二年来停止されていた貢税——年間四万五〇〇〇デュカト、約二七〇〇万トルコ‐リラ——の支払いを要求し、残余の休戦期間六か年をも有効とすることを確認しようとした。

これに対してマキシミリアン二世の側では、一方では、要求された貢税をスレイマンのもとに送って休戦協定を延長する態度を示し、他方では、オスマン保護下からトランシルヴァニアを引き離すため、ヤン＝ジギスムント＝サポヤイ〔ヤーノシュ二世〕に攻撃を仕掛けてきた。トランシルヴァニアの君主も受けて立ち、ドイツ及びオーストリア領内に攻撃を加えて、チャトマルやザドマルのような城市を占領した。マキシミリアン二世は抗議を申し入れ、被占領地区の即時返還を要求したが、いっこうに埒《らち》があかないとみてとると、国境線を突破して、トカイやセレンジなどの重要都市を逆に占領するという、明らかに協定違反をやってのけた。事態の成り行きをながめていたスレイマンは、トランシルヴァニアでの地位を補強するために、改めてハプスブルク王朝に鉄槌《てっつい》を加える決意をした。ブダのベイレルベイ職に在任中のアースラン＝パシャが、スルタンの命に基づき行動を開始するのが一五六六年四月末のことであった。

このアースラン＝パシャの先発行動は、スレイマンみずから陣頭に立つシゲトヴァルの戦いの口火を切ったものであり、それがスレイマンの最後の遠征事業となったわけである。

当時のスレイマンは、すでに七〇歳を越える老境に達していた。あたかもこのころ、後述するような諸王子の反乱事件で、精神的にも苦悩にみちていた。しかも薬餌《やくじ》に親しみがちであった。足の神経痛にさいなまれ、外出に際しては、アラバ〔二輪馬車〕やクフトラヴァン〔担架〕を必要としていた。ただ、市街地にはいる場合には、民衆に対して元気を装うために、あえて乗馬するといった思わしくない身体の状況であった。

スレイマンは親征に当たって、まず次席大臣のペルテウ＝パシャにカプクル〔中央直属〕の軍団を率いて先導させ、これにブダの兵力、ワラキア〔ルーマニア〕、モルダヴィア、クリミアータタールの兵力を加えて、トランシルヴァニア方面からオーストリア国境辺を目ざして進撃させた。途中、ゼムリンの平野でトランシルヴァニアの君主が従者とともに合流した。

一方、スレイマンの親征軍団は、道をベオグラードにとって南部ハンガリーの領域にはいり、シゲトヴァルに到着した。オスマン軍団の目ざす目標は、いうまでもなく、ウィーンにほかならなかったが、それには前途をはばんで立ちはだかるシゲトヴァル城砦の確保が必要であった。

この城砦守備の任にあるニコラス＝ズイリニ伯の守りは堅かった。最後の一兵まで死守する覚悟で、絶対不降服を誓う守備兵は、黒い弔旗を掲げて対戦した。

ズイリニ伯は、金銀製の什器《じゅうき》や貴金属を城塞内の伽藍《がらん》のある広場に集め、炎の中に投じて玉砕の決意を表明した。籠《ろう》城は六週間にわたってつづいた。

オスマン側では、城砦を破壊するために稜堡《りょうほ》の下に坑道をうがち、地雷を埋めて点火した。地雷の閃光のひらめきは、落城を決定的ならしめた。ズイリニ伯は城外に出撃して、勇敢に戦い、華《はな》々しく戦死した。その死は全欧州の賞賛と同情をえたので、キリスト教の殉教者の一員に列することになった。

❖スレイマンの死

だが一方、地雷の閃光は、スレイマンの四六年の長い治世の幕を閉じる合図でもあった。スルタンは自分の帳幕の中で、これまでの遠征事業を走馬灯の如く回顧していたが、やがては自分の遺体を包むことになるはずの絹の褥《しとね》から起きあがり、従者に命じて、イェニチェリたちに突撃の命令を与えるために、馬の用意をさせ、明けがたの薄あかりのなかで、「アッラー、アクバル！」の唱文をとなえ、回教徒の作法にしたがって、神への祈りを捧げた。

だが、それからこの帝王は、二四時間とこの世にはいなかった。九月六日から七日にかけて、ちょうど金曜日から土曜日にかけてのことだが、早朝午前四時ににわかに容体が悪化し、帳幕のなかで静かに息を引き取ったからである。

臨終に立ち合った者は、大宰相のソコルル＝メフメット＝パシャと侍医長のカイスニ＝ザーデ＝ベトレッディン＝メフメット＝チェレビィの二人だけであった。最後のことばは、「いまだ勝利を告げる太鼓が打ち鳴らされない。」という、かすかな呟《つぶや》きであった。七二歳、正確にいえば七一歳四か月一〇日であった。

死因については、脳卒中ないし狭心症、老衰など、さまざまな異説がある。

また死の日時についても、オスマン史家の説明では、実に区々として一定していない。大宰

トプカプ-サライの正門

相ソコルル＝メフメット＝パシャは、オスマン全軍団の士気に関する影響を憂慮して、新しいスルタンの即位までスレイマンの健在を装い、喪を秘めること七週間以上に及んだ。

　その期間、ソコルルの厳命で、スレイマンに容貌の酷似したイマム＝ハッサン＝アーが身代わりとなり、スルタンの衣服を着用し、スルタンの馬車に着座して衆目を欺いた。

　太子のセリムは、当時イスタンブールから三日の道のりの小アジアのキュタヒアにあり、ゲルミヤン州のサンジャクベイ職にあったが、大宰相からの急使ハッサン＝チャウシュによって父帝の死を知らされると、急遽イスタンブールに帰還し、ボスフォルス海峡の東岸カドゥ-キョイからトプカプ-サライ王宮に帰還した。

　新スルタンとしてセリム二世を名のるセリムは、「オスマンの剣〔スルタン位のシンボル〕」を帯び、羊・山羊を犠牲《いけにえ》にして貧富の別なくふるまい、宮廷にある官僚には贈物を、またイェニチェリに対しては、彼らがスレイマンの遠征に従軍して大部分東南欧の方面にあったため、大宰相から彼らにバフシーシ〔賞与金〕を賜わった。

一方、シゲトヴァルにあるオスマン軍団は、スレイマンの死を聞かされると、「今やわが君主は世にいない」と絶句し、悲哀をこめて粛然とし、東方に向けて帰還した。

スレイマンは、父祖ムラト一世のように直接戦場での討ち死にでこそなかったが、陣中で死んだことでは共通している。

この大スルタンの死によって、オスマン帝国の一連の動きは停止に近い状態となり、不安定きわまる〝現状維持〟が現出する。

顧みるに、スレイマンの半世紀にわたる治世は、帝国を亜欧の第一等国に仕立てた反面、国家的エネルギーの発散もはなはだしく、晩年からようやく中央直属軍団や官廷吏僚の員数の膨張とともに、オスマン財政は収支のバランスが崩れてゆき、やがてそれは、万年赤字財政の様相があらわれてくることをつけ加えたい。なお、次に資料を掲げておく。

オスマン親衛軍団（カプクル）の増加

西暦(年)	員数(人)	給　与（アクチェ）
1514	20,719	
1562	41,448	122,300,000 } スレイマン時代
1566	45,316	126,400,000 } スレイマン時代
1588	64,426	178,600,000

イェニチェリの増加

西暦(年)	員数(人)
1514	10,156
1527	12,000 } スレイマン時代
1560	13,357 } スレイマン時代
1567	12,798
1595	26,000

財　政　収　支

西暦(年)	収入（アクチェ）	支出（アクチェ）
1565	183,000,000	189,600,000
1592	293,400,000	363,400,000
1598	約300,000,000	900,000,000

（東京外語大Ａ・Ａ研　永田雄三氏 提供）

Ⅳ スレイマンの世界

トルコ帝国の内幕

❖はなやかな宮廷生活

スレイマンの宮廷生活のプロフィールをながめるためには、ハプスブルク王朝の大使オーギェ＝ド＝ビュスベックの書簡を引用するのが最も便利である。ビュスベックは、フランドルの西部、今ならば、さしずめベルギー人というところだが、交渉のうまい有能な外交官で、スレイマンの治世でも一五五〇年〜六〇年代にハプスブルク王朝を代表してイスタンブールに駐在した人物である。彼は、スルタンの許しをえて、ひろくオスマン帝国の内外を旅行し、小アジアの中央部を探訪したこともあり、言語学や、古物研究、動植物学などに通じていたことが観察をすぐれたものにしている。このビュスベックの『トルコよりの書簡』は、当代のさまざまな事件の目撃者であり、スレイマンとも親しく直接に会見している状況からみて、かなり信頼度の高いものである。

次に掲げる一文は、スレイマンが、小アジアの黒海沿岸に近いアマスィアに滞在したとき、

ビュスベック

ビュスベックが謁見のために特に許されて、この地におもむいた際の見聞録である。

「……スルタン（スレイマン）は地面から一呎《フィート》（約三〇・五センチ）たらずの、むしろ低い玉座の上にすわっていた。玉座は、たくさんの見るからに高価な絨緞《じゅうたん》と精巧な細工を施したクッションでおおわれていた。スルタンのかたわらには弓と矢が置いてあった。スルタンの表情は、にこりともせずむしろその顔にはきびしい威厳が充《み》ちあふれていた。われわれ（ビュスベックの一行）が到着したさい、式部官は手をとってスルタンの面前に案内してくれた。スルタンは私が口上を読みあげる間耳を傾けていた。わが皇帝陛下（カール五世）の要求に対して、見くだすようなものごしで、ことば少なく、「ギュゼル、ギュゼル」（よしよし）と答えるだけであった。

そこでわれわれは、いとまを請うた。スルタンの本営は臣僚でごったがえしていた。そのなかには若干の大官もまじっていた。そこには親衛兵が駐屯《ちゅうとん》していた。すべてがシィパヒー、グレバ、ウルフェジ（いずれも騎兵種）ないしはイェニチェリの大集団であった。このような大集団のなかで、何人《なんぴと》にもあれ、その占める地位はことごとくが勇武と勲功に負うものであった。だれ一人として門閥素姓によって他のものと差別されることはない。名誉はそれぞれの占める義務と職掌の性質によって各人に対して与えるべきものである。

かくして、序列に対しての争いは見いだされず、すべての者は自己の遂行する職分や機能に応じてその地位が割り当てられている。

スルタンはみずから義務や職掌を割り当て、富財や地位に対する空疎《くうそ》な要求には関心を払わない。候補者の有する影響力や人気などは意に介さない。……

スルタンはただ勲功のみを念頭に入れ、性格、天分、気だてだけを綿密に吟味する。臣僚各人は自己の功績に応じて恩賞を授けられ、官庁は有能な吏僚たちで埋まっている。……さあ、私と一緒に来て、純白の絹のかぶりものをつけたおびただしい数のターバンの群れ、あらゆる品質と色彩の輝やかしい衣服、金色・銀色・紫色の絹や繻子《しゅす》などに君の目を向け給え──こと細かな描写は冗長な仕事である。しかも単にことばだけでは、情景の奇異なるさまについて適切な観念を伝えることはできない。これよりいっそう美しい光景はけっして私の目には浮かんでこなかった。だが豪華づくめのうちにも簡素と経済とが見いだされる。すべての者の衣服は、着用者の位階にかかわりなく同じ型のものであった。多額の金を費やして三日間で仕立てるのがわれわれのならわしなのだが、彼らは余分な縁取《ふちどり》もせず不用な飾りも縫いつけることがない。彼らの絹や繻子の最も美麗な衣装はいつもそうなのだが、刺繍《ししゅう》が施されていたとしても、わずか一デュカトそこそこの経費である。

トルコ人は、われわれがそうであるように、われわれの服装様式についてひどく驚いていた。彼らはほとんど踵《かかと》まで届く長い衣服を着用しており、それが実に堂々としているばかりでなく、背たけを高くしているようだ。反対にわれわれの服装は、これとは反対に短くてぴったりしているので、隠れた方がよい身体の線をむき出しにしている。しかもけっして似つかわしいものではない。そのうえ、いくつかの理由によって人の背たけを低くし、いじけた格好《かっこう》にする。

とくに私がいたく心を打たれたのは、この大集団のなかでの沈黙と秩序維持であった。通常、種々さまざまな人だかりの中から出てくる叫びやささやきも、そこでは聞かれなかった。さながら人の群れなきが如くであった。各人は極力もの静かに位置を占めていた。吏僚、すなわち、将官、佐官、尉官《いかん》――トルコ人は彼らに『アー』の称号を与えている――がすわっていた。一般の兵士は立っていた。最も目に立つ集団は数千のイェニチェリ部隊であり、彼らは他の者から離れて長蛇の列をつくって立っていた。不動の姿勢で構え、私のところからかなりの距離にいたので、彼らに挨拶するしきたりに従うように忠告され、私が挨拶したのに答えて頭をさげるまで、彼らが生きた人間か、それとも偶像か見分けがつかなかった。

われわれは出発に際して他のきわめて愉快な光景、すなわち非常にうるわしくて背が高いばかりでなく、豪華に装いをこらした盛装の乗馬に跨《また》がって帰還しようとするスルタンの親衛部隊を見たことである。」

と述べているが、スレイマンの宮廷生活に漂う雰囲気に目《ま》のあたり接する思いがする。

❖行政組織

オスマン帝国はシャリーア〔イスラム法〕を遵守する神権的性格の国家であるが、行政組織において、中世後期ないしは近世のイスラムの諸他の国家とは明らかに相違点をもっていた。というのは、スルタンにしてカリフを一身に兼ねるという歴史上の用語を使用すれば、「スルタン-カリフ制」と呼ばれる二重構造をもつ点である。スルタンとしてオスマン君主は、政治上の元首であり、民治・軍事面の統轄者であった。カリフとしては、理論上それがアッバース朝カリフの座の後継者として合法であるかどうかは別として、スンニー-イスラム教徒の信仰上の最高指導者をもって任じた。

政治面では、スルタンの下にサドラザム〔大宰相〕、セダレト-ケトフダ〔大宰相に従属する最高補佐〕、デフデルダル〔財政長官〕、レイスュル-キュタップ〔書記官長〕、ニシャンジ〔国璽尚書《こくじしょうしょ》〕などの高級吏僚があった。そのうちサドラザムはスルタンの直接任命であり、政治的には副スルタンとでもいうべき権限を与えられ、直接政治の局面にタッチした。職掌柄にふさわしく、パシャの称号をもつ数名の次席大臣ウエズイルたちを幕僚にもっていた。このようなウエズイル制が充実するのがスレイマンの時代であった。

オスマン君主は、カリフとしてはシェイヒュル-イスラム〔イスラム長官〕、ルメリー-カーディアスケル〔欧領回教法官の長〕、アナドル-カーディアスケル〔アジア領回教法官の長〕、イスタンブール-エフェンディ〔首都回教法官の長〕など、宗務、回教法の運営にたずさわる高級聖職者を従えていた。

ただしスレイマンは、もっぱらスルタンないしはハン〔汗〕の号のみ名のり、けっしてみずからをカリフとは呼ばなかった。また父帝セリム一世をさす場合にもハンと呼び、カリフとは呼ばなかった。この点は注目されてよい。

オスマンの政治的の中枢機構はディワーヌ-ヒュマユーン、略称ディワーン〔国政の最高評議会〕で、上述の行政面と宗教面の高官と海軍の提督を構成メンバーとした。ディワーンの主裁者はサドラザムであった。サドラザムのポストは、常住スルタンの側近に付き添う最も重要な職柄で、その権限は時代とともに拡大していった。元来この大宰相の地位につくものは、トルコ族出身の豪族のうち特定の家柄から選ばれたが、やがてデウシルメ出身つまりバルカン系統の異民族出身官僚の手に移行していった。移行の時期は、スルタン制の完成するメフメット二世〔一五世紀後半〕の時代とされている。

大宰相の官邸は、スルタンのサライ〔王宮〕に対してバーブ＝アリ〔崇高なる門〕と呼ばれた。これは、スレイマンの治世より以後のことに属する。大宰相のもつ権限は右のように絶大ではあったが、ただしそれは、スルタンの信任を受けている期間中だけのことで、その身分はスルタンに対してクル〔奴隷的身分の家事使用人〕のわくをでるものでなく、したがってスルタンの逆鱗《げきりん》にふれれば、いつ何時《とき》でも罷免されるし処刑される場合がしばしばあった。

❖大宰相たち

スレイマン時代の大宰相を列挙すると、次に掲げる八名のものがあった。ピリー＝メフメット＝パシャ、イブラヒム＝パシャ、アヤス＝パシャ、リュトフィ＝パシャ、ハドム＝スレイマン＝パシャ、リュステム＝パシャ、セミス＝アリ＝パシャ、ソコルル＝メフメット＝パシャがそれである。

そのうちでも著名な人物を述べると、イブラヒム＝パシャはデウシルメによってキリスト教徒の男童のうちから徴集されて宮廷に引き取られた近侍《きんじ》あがりでギリシア系ともいわれているが、とくにスレイマンから寵愛された大宰相で、スルタンの妹を妻とし、その任期も一五二三年から一五三六年までの長期にわたっている。かつてハプスブルク王朝の使節に対して、「この大国家を管理している者はこの私である。すべての権力は私の掌中に委《ゆだ》ねられている。」

ミフリマ

と豪語したとおり、大宰相時代には飛ぶ鳥を落とす権勢をもっていたが、のちにスレイマンの継嗣問題に関連して宮廷陰謀の犠牲になって失脚した。〔一四三頁参照〕

アヤス＝パシャは、アナドルやルメリーのベイレルベイ職〔太守〕を歴任して大宰相に抜擢《ばってき》された人物で、大宰相在職中、アルバニア、コルフ島、さらにモルダヴィアへの戦役に参加している。

ハドム＝スレイマン＝パシャは、その名の示すように白人宦官《かんがん》の出身で、スルタンの信任をえてダマスクスの知事を振り出しにエジプトの知事を歴任し、エジプトでは一〇年間にわたってその任にあり、政治を整え土木事業を興こしている。のちに海軍の提督に転身して、インド方面で活動した人物である。宦官特有の冷酷さと老獪《ろうかい》さを身につけた抜け目のない人物で、肥満体質であったといわれている。

リュステム＝パシャは、元来アルバニア系であるが、スレイマンは理財の才を見込んで、目に入れても痛くないただ一人の息女ミフリマを与えて娘婿《むこ》にした人物である。

この大宰相は、ついぞ人前で笑顔を見せたことがなく、命令をだすとき以外は全く無口であったという。大志を抱いていたといわれるが、気骨に乏しく、究極には宮廷陰謀の加担者となり、たいそう芳しくない世評を受けることになった。

大宰相の職には、ハドム＝スレイマン＝パシャの後を受けて一五四四年から一五五三年までと、越えて一五五五年から一五六一年までの二回にわたって就任している。

ソコルル＝メフメット＝パシャは、名の示すようにボスニア〔現在のボスニア・ヘルツェゴビナ〕の出身で、デウシルメ官僚の一人であるが、オスマン帝国時代において最も有名な大宰相で、一五六五年に大宰相に就任して以来、スルタンの最後の遠征に当たるシゲトヴァル城砦攻略にも参加し、スレイマンの臨終に立ち合った。スレイマンの不肖の継嗣セリム二世の時代にも、オスマン史上名だたるこの酔いどれスルタンに代わって、がっちりと国政をかためた傑物であった。

総じていえば、スレイマンは、その盛世をささえるに足りるような大宰相にも恵まれていたことになろう。

ただし知力を誇る大君主スレイマンも、晩年近くなるころから心労のせいか猜疑《さいぎ》心と警戒心が強くなり、それだけに、大宰相や大臣たちの野心的な動きに乗ぜられやすくなったことも事実である。

ついでながら、中央権力機構に対して、地方統治について一言ふれておくと、大州の知事格に当たるベイレルベイと、その下部構造に当たるサンジャクベイに委ねられていた。

ベイレルベイというのは、スルタンから知行《ティルリック》として封土を永代借地権とともに与えられた封建大領主で、かねてオスマン戦力の源泉とでもいうべきティマール-シィパヒー〔封建騎士〕の総帥であった。スレイマンの治世の晩年におけるベイレルベイの数は、欧州が五、アジアが三〇、アフリカが四、海洋が一の割合となっている。軍事面では、ベイレルベイやサンジャクベイらの供出するティマール-シィパヒー〔封建騎士〕を中心に、カプクルのオジャク〔スルタン直属の親衛軍団〕としてのシィパヒー〔騎士〕と有名なイェニチェリ〔歩兵〕の部隊が基幹となっていた。なお、スレイマン時代のベイレルベイ、サンジャクベイの状況については、エウレヤ=チェレビィ〔一七世紀トルコの大旅行家〕の『セアハト-ナーメ』〔旅行の書〕の記述に詳しい。

❖ハレム

オスマン-スルタンの多くがそうであったように、英明なスレイマンもまたハレムの寵妃《ちょうひ》やそれと手をつなぐデウシルメ官僚からの有害な影響を受けることが少なくなかった。オスマン帝国を中近東・東南欧における最強の国家たらしめたこの偉大なスルタンも、所詮は人間であった。ハレムの影響力がどのようにスルタンに作用し、いかにトルコの歴史を大きく変えたかをスレイマンの場合を通じてながめたい。

さて興味本位ということでなく、ハレムという用語を説明しておこう。ハレムとは、もともとアラビア語であって、ハラムが正しい発音である。本来、「禁ぜられた」、「神聖なる」を意味し、アラビアのメッカ、メディナの聖域をさすものだが、転じて外来者の出入を禁止する場所、やがてスルタンの寵妃及びこれに奉仕する宮女の住む、一般から隔離された女性専用の部屋を意味するようになった。オスマン帝国の場合、ハレムの正式の呼び名はハレミ-ヒュマユーンである。何かの機会にイスタンブールの地を踏み、トプカプ-サライを訪問する人々は、必ずサライのイキンジ-イエルと呼ばれる一角にそびえるハレムの屋根を望むに違いない。かくいう筆者も、かつてイスタンブール大学の文学部教務課長ミュニール＝アクテペ教授（史学科）の紹介で、このハレムの今は薄暗い個室を一室一室探訪して歩き、迷路やスルタンだけが往来する抜け穴式の通路にとまどい、往時営まれたであろう明暗変転するきらびやかな女性のみの生活を偲んだことがある。

ハレムは、中国流にいえば後宮にあたり、この区画の厳重な警戒に当たる者はクズラル-アーシと呼ばれる黒人宦官長であった。正式の名称はダル-ユス-サアデ-アーシである。なお、オスマン王家のために一言弁明しておきたいことは、この王朝がアナトリアやルメリアの一角に君臨するようになってから数代の間は、由緒《ゆいしょ》正しい王妃を迎えていた。またアジア・ヨーロッパ・アフリカの大版図を領有しないうちは、しばしばバルカン諸王家との間にも政略結婚が行なわれていた。初代オスマン＝ベイの王妃はマル＝ハトン、二代目のオルハン＝ベイの王妃はビザンティン皇帝ヨハネス六世のテオドラ、三代目ムラト一世の王妃はブルガリア王シシマンの息女タマラ、四代目バヤジット一世の妃はセルビア王ラザル一世の息女デスピナであった。だがやがて、オスマン帝国の東南欧征服が進むにつれて、通婚する相手がなくなり、王妃の座は空白となった。王朝自体としては、王統を絶やさぬためにはハレムが是非とも必要であった。ハレムの成立は、新しい宮廷がイスタンブールに成立した時点、一四五三年以後とみなされている。

ハレムは、さまざまな変遷をたどりながら一九世紀まで存続する。ハレムは、たくさんの宮女の居住するところであるが、彼女たちはジャリエと呼ばれた。種族的にみると種々雑多であった。彼女たちは宮廷生活に必要な礼儀作法からことばづかい、目くばりに至るまで特殊の訓練を受けた。ジャリエのうちでも直接スルタンに接触したものは数が限られていた。何かの機会に首尾よく君寵をえて、スルタンの種を宿したものはバシ-ハトン-エフェンディの地位が与えられた。もしも自分の腹から生まれた王子がスルタンとなる場合には、一躍スルターナ-ヴァリデに昇格して王族の権威が与えられた。このスルターナ-ヴァリデは、バシ-ハトン-エフェンディ以下、下級のジャリエを従えた。

一方スルタンの生母とならぬジャリエは高位高官に降嫁して、邸宅と一定額の年金を賜わるのがならわしであった。このような制度が、古いしきたりや煩瑣《はんさ》なエチケットとして代々伝えられ、変わることがなかった。

トルコ史家のうちには、この制度をもってビザンティン王宮のそれを導入したという説を唱えている者もある。さて本論に立ちもどろう。

❖寵妃ロクソラーナ

スレイマン時代のハレムの中心はロクソラーナ＝フルレム（ハセキ＝フルレム）であった。フルレムとは幸福なる喜ばしい者の意味である。彼女は、クリミア－タタル族がドニエストル地区からルテニア方面に略奪に出かけた際に捕えられて、ジャリエとしてイスタンブールに売られてきたもので、ロシア人ないしポーランド人ともいわれる。ともかくもスラブ系であったことは確かである。美貌で魅力にあふれ、音楽に堪能《たんのう》で、しかも人心をとらえるのが巧みであったから、スルタンの心をたちまちにしてとらえた。これには異説もあり、聡明《そうめい》であるが、なかなか抜け目のない狡猾《こうかつ》な女性であったともいわれている。

このフルレムに関する最初の報告者は、ピエトロ＝ブラガディィノというイタリア人であるということで、彼によると、

ロクソラーナ

「……若くはあるが美貌というほどではなく、ただし魅力的な女性であった」

という表現を使用している。またヴェネツィア共和国のイスタンブール駐在大使ベルナルドウ＝ナヴァゲラの報告によると、

「性質のよくない、いわばずる賢い女性である。」

として、彼の報告によると、ころんでもただでは起きないこの女性の性格を伝えている。

「ロクソラーナは、ある日のことスレイマンの君寵浅からぬ愛妾の一人ギュルバハルと口喧嘩をした。彼女は、王子ムスタファの母であるこのチェルケス系の女性から侮辱されたかの如くとりつくろい、わざわざ指の爪《つめ》で顔を引っ掻《か》いて引っ掻《か》き傷をつくっておき、この喧嘩のあったしばらくのちにスルタンに呼び出されるように工作しておき、呼び出しを受ける段になると、引っ掻き傷ができたので余りにおそれ多くてお目ざわりでございましょう……」

と称して、スレイマンの注目を惹《ひ》くように努めたという。この事件があってから、スレイマンはロクソラーナに注目し、このできごとをきっかけに結ばれたというのである。一方、

ライヴァルである愛妾ギュルバハルのほうは君側から遠ざけられ、息子のムスタファが当時サンジャクベイとして在任中のマニサに送られてしまったというエピソードがある。

いうなればスルタンお気に入りの愛妾を君側から遠ざけておき、代わって自分が君寵をほしいままにしたという一石二鳥の演技をしたことをあげている。ロクソラーナは単なる愛妾の一人でなく慣例を破って正式王妃の地位についた唯一の例外者であった。スレイマンとロクソラーナの間に生まれた王子として、メフメット、セリム〔のちのセリム二世〕、バヤジット、ジハンギルと、それに息女のミフリマとがあった。

❖長子ムスタファの悲劇

あれほど順風万事順調にいっていたスレイマンの治世にも、その晩年において王子のムスタファとバヤジットの処刑問題という、すこぶる憂鬱《ゆううつ》きわまりない事態に悩まされることとなった。この政治と快楽とを混同しないはずの、英明な君主にとって、およそ似つかわしくない王朝悲劇の一幕が開いたのである。

双方の事件は相互に関連性があるので、まずムスタファの事件の輪郭から述べよう。

スレイマンの長子で、当時小アジアのアマスィア地方の太守《サンジャクベイ》の要職にあったムスタファは、資質も能力も人にすぐれ、次期スルタンとして軍団からも民衆からも大いに嘱望《しょくぼう》されていた。

事の起こりは、ロクソラーナ＝フルレムが、自分の息子《むすこ》のセリムかバヤジットのどちらか一人を次期スルタンの位に据えるため、王子ムスタファを退ける策略をめぐらし、自分の女婿に当たる大宰相のリュステム＝パシャを抱き込み、リュステムも義母ロクソラーナに適宜に助言と助力を与えて、スレイマンがこの王子を取り除くように仕向けるための共同謀議を、着々と実行に移したことにあった。

スレイマンは二人の王子がロクソラーナとの間に生まれると、父の名のセリムと祖父の名のバヤジットに因《ちな》んで名前をつけるほどの愛情ぶりを、この二児に示した。

ロクソラーナは、このように二王子の生母となるころから、政治的発言がようやく重みを加えていった。スレイマンの最も信頼の厚い大宰相のイブラヒム＝パシャを失脚に導き、女婿のリュステム＝パシャを推薦したのも、彼女ロクソラーナの所業であった。このようなハレムの政治関与は、開明政治にようやく暗い陰影を投げかけることになった。ロクソラーナは、初めスルタンにねたみの種を植えつけることに努め、時間がたつにつれて、人気のありあまる王子ムスタファを取り除く意識を抱かしめたのである。

老スルタンの胸のうちを往来する思いは、かつて父セリム一世が、その父に当たるバヤジット二世を宮廷クーデターによって打倒した事件であった。その光景をまざまざと眼前に思い浮かべていた。血のつながるわが子ながら、老齢の自分にとっては年の若い精力的な寵児のムスタファは、けむたくてしかたがなかった。ことによると、自分の保有する帝国の権力をもぎ取り、すでに老い先短い自分を東部トラキアのマリッァ川の流域にあるデモティカに幽閉し、死刑の宣言をするかもしれないというような、途方もない幻想にとらわれたりした。たまたま、一五五三年にスレイマンがイランに対し遠征を準備中に、王子ムスタファが自分に対して陰謀を企てる気配があり、イランに対して進撃を開始する事前に、イラン側と通謀して反乱を企てるであろうといった風聞が流れ出したので、このようなうわさの種を取り除きたいと考えた。

その年の秋、スレイマンはイランへの進撃を前にして軍団を集結していた。季節的にいえば進撃には不向きであって、北シリアのアレッポにおいて冬を越したうえで、翌年戦闘に入らなければならなかった。だが、その期間中、スレイマンはイスタンブールに留まることが安全でないと思い込んでしまった。小アジアにある兵士は、ぶつぶつ不平をいっているし、王子ムスタファのために不穏な計画を立て、反乱の準備をムスタファにしきりにすすめているとの告げ口を真《ま》にうけて、信じてしまったからである。

一方、ロクソラーナの子で、当時小アジアのサルハンの太守の職にあった王子セリムのほうは、母の扇動でスルタンのお供を申し出て認められた。ムスタファをめぐる周囲の状況は、次第に緊迫化したものとなっていった。

さて、オスマンの東征軍団がカラマンとエレウリとの中間地区に到着したとき、イランとの交戦で当面の責任者であるムスタファは、スルタンを出迎えるために東征軍団の司令部に出頭し、帳幕をスルタンの帳幕のすぐそばに設営した。翌日、大臣たちはムスタファのもとに儀礼的な挨拶にうかがい、名誉ある高価な衣類を捧呈《ほうてい》した。

翌朝ムスタファは、堂々と盛装をこらした軍馬にまたがり、大臣やイェニチェリに伴われて、兵士の声高い歓呼のなかをスルタンの帳幕にしずしずと進んだ。父帝に忠誠を誓うためであった。万事が平和のようにみえた。ムスタファがスルタンの帳幕の中にはいったとき、予想に反してスレイマンの姿もなければ吏僚の姿もなかった。

そこで発見したのは屈強な七名の唖者《あしゃ》〔死刑執行者〕だけであった。彼らは間髪をいれず躍《おど》りかかって王子の首に太いひもを巻きつけた。ムスタファは、もちろん生命と王位のために精一杯《いっぱい》の抵抗をこころみたが、結局、父帝の慈悲を懇願しながら生命を失ったのである。この報道を受けた王子の率いる軍団兵士の落胆と悲嘆は非常なものであった。王子を敬愛し支持するイェニチェリ部隊には、絶食して抗議するものもあらわれた。もしもムスタファがこの危難を脱出でき、イェニチェリのもとに身を投ずることができたならば、状況はどうであったか。実はこの点がスレイマンの内心最も恐れたところであった。

さすがのスレイマンも、王子ムスタファ殺害によって起こされた軍団内部の不穏な動きを鎮《しず》めるためには、一時的とはいえ、大宰相リュステム＝パシャを罷免して事態を糊塗《こと》するよりほ

王子ムスタファとその殺害

かしかたがなかった。なお、この事件は、病弱の王子ジハンギルをショック死させるという思いがけない副作用をも伴った。

❖骨肉の争い

第二の事件、王子バヤジットの場合に移ろう。わが子を帝位につけたいために、大宰相リュステム＝パシャと結託して陰謀をめぐらし、次期スルタンの最有力候補ムスタファ王子を追い落としたロクソラーナは、今度は、二子のセリムとバヤジットのどちらかを選ぶ必要に迫られたのである。彼女は母親として、むしろバヤジットを愛していた。バヤジットは、もし兄弟のセリムが次期スルタンとなる場合には、当然自分の身の上はきわめて危険なものであると直感していた。

話は変わって、一方、セリムのほうにはきわめて油断のならない策士ララ＝ムスタファ＝パシャが味方についていた。

このララは、本来、王子バヤジット側近の人物であったが、将来の出世の見通しから、セリムに加担するのがいっそう有利であるとみてとり、その側にくみして最もいまわしい宮廷陰謀の中心となっていった。バヤジットを落とし入れるために、いつわりの希望や期待やらを持たせるような工作を施して、スレイマンとバヤジットの間で相互に取りかわされる書簡を、途中で横取りして内容を改竄《かいざん》し、危機感をもたせてバヤジットをして父スレイマンに抗争するようにしむけた。それには、ララの手先きで、バヤジットの家庭教師に当たるゲリボル＝ムスタファ＝アリーが一役買った。離間《りかん》工作は着々と効果をあげ、いつしかスレイマンはバヤジットを不従順な子とみなし、父の苦言や警告も結局無駄であると信ずるようになった。

一方バヤジットは、父のことを、どうしようもない僭主《せんしゅ》で、息子の孝心を理解できない寛容の心のいささかもない冷酷者と受けとった。しかも殷鑑《いんかん》遠からず、異母兄の王子ムスタファが逆鱗《げきりん》にふれて処刑された二の舞を踏みたくなかった。このことが、究極においてバヤジットをして、王子ムスタファ事件によって盛り上がったスルタンへの反感を利用しようとする気にさせたのである。

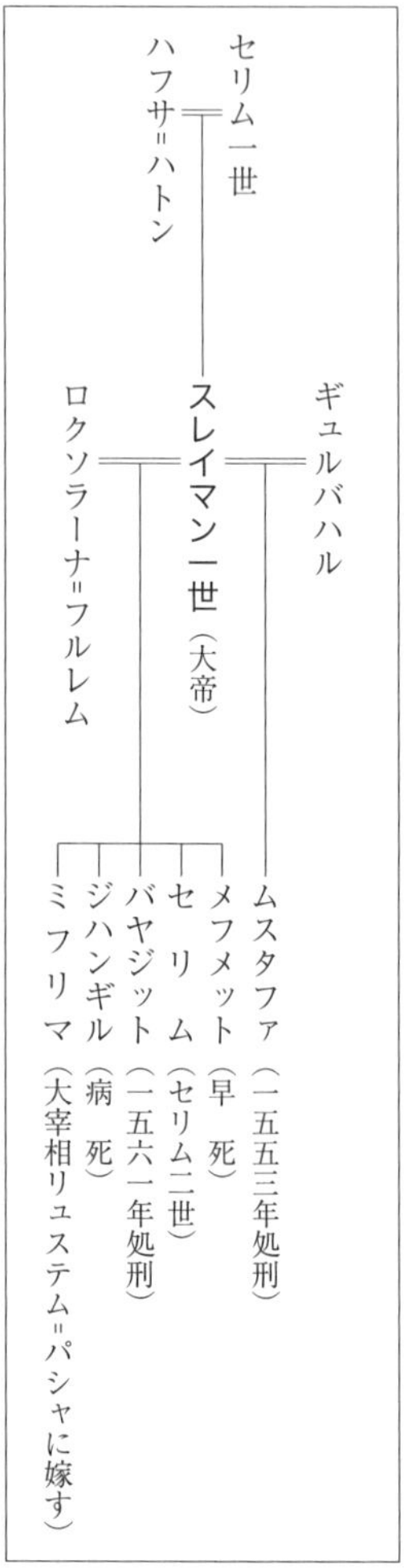

では、このバヤジットに対する一般の世評はどうか。少なくとも、無類の酒飲みであるセリムよりも軍団や民衆の間では人望が厚かった。セリムの不人気は母ロクソラーナに対する反感も手伝っていた。バヤジットの性格や態度は、むしろスレイマンに似ており、生活態度も非難すべきところはなく、才知と文才に恵まれていた。政治能力や軍事的才能も、王子ムスタファほどではないにしても、一般の支持と尊敬を受けるのに十分であった。

このような事情を背景に起こるのが、一五五四年の「にせ王子ムスタファ」事件であった。これはバヤジットが以前にスレイマンのために殺害された故ムスタファ王子に酷似する人物を捜し出し、これを背後から操って反乱を起こさせたというのである。この反乱は、スレイマンの応急措置とロクソラーナの取りなしによって解決した。しかし、一五五八年、母后のロクソラーナが逝去すると、バヤジットとセリムの対立関係はいっそう激化し、両者の任地の配置換えが誘因となって、一五五九年にバヤジットはスルタンに反旗を翻した。バヤジットにとって悲劇の主人公、兄ムスタファの任地アマスィアに赴任することは、何かしら自分の運命を暗示しているかのように思えてならなかった。現在、イスタンブールのトプカプ゠サライ博物館、文書館に保管されるバヤジットの書簡に、「赴任するよりは死ぬ方がましである。」としるしてあるのは、その心境を示している。バヤジットはキュタヒアにて傭兵を募り、セリムの任地コニアに攻め入った。しかしながら、ソコルル゠メフメット゠パシャらの率いる軍団のためにはばまれて、この年の五月八日に武運つたなくもコニアにて一敗地にまみれてしまった。

　バヤジットは、没落の運命のもとにある不幸な自分を見捨てることなく、なおも慕う兵士と行動をともにし、イランに亡命してサファヴィ王朝に身を寄せた。イランではバヤジットとその家族を引き取り、王族として名誉ある待遇をした。スレイマンは書簡をもって、自分に対する反逆とコニアでの敗戦の成り行きを告げ、許すことのできない罪状であるとして、手きびしい命令口調で、身柄の引き渡しないしは処刑の実施を要求した。セリムもまた使者に書簡を持たせて処刑を要望した。しかも、イランのシャー＝タフマスプの良心のためらいを薄めるため、有名なイランの詩人サーデの詩句「不信の徒に親切であることは神を冒瀆《ぼうとく》するものである。」といった意味の引用句をも添えた、念の入れようであった。これはクルアーン〔コーラン〕を曲解誤用したものであることはいうまでもない。答えにつまったシャー＝タフマスプは、遠来の賓客《ひんきゃく》を処刑のためにスレイマンじきじきの追っ手に引き渡すのではなく、セリムが特別に派遣した使節に引き渡すことによって、誓約破棄の責めをのがれようとした。引き渡しの時期は、シーア派回教徒が正統カリフ＝アリーの子フセインの殉教を記念して毎年挙行する厳粛な式典日ときめられた。

　かくて一五六一年に、バヤジットはカズウィンで処刑されたが、その運命はイラン人の同情をいたく惹《ひ》いたので、当日はフセインを哀悼《あいとう》する式典を一時中断したともいわれている。バヤジットは死にのぞんで、短い詩を辞世として残した。バヤジットの処刑は、スレイマンの光輝を曇らせる事件以外の何ものでもなかった。もし万一、次期スルタンの位が、上述の王子ムスタファあるいはバヤジットに移行していたとするならば、その後のオスマン帝国史は、かなり形の変わったものとなっていただろうと思うのは、筆者のみの思い過ごしであろうか。それはともかくとして、このバヤジット事件の直接的な結果はどうであったか。あと味が悪かったことはいうまでもないが、小アジア、ルメリー〔欧領〕において、もやもやした不安な状態が依然解消されることなく継続したことと、小アジアの行政管理に若干の手直しが加えられたことがあげられる。

イスタンブール市民の間に流布される民間伝承によると、王子バヤジットの遺体は、いったんアマスィアの地に葬られたが、スレイマンの手でイスタンブール郊外にあるエユープ墓地の東側にある貧民街の中に葬られたという。

そして、ある日のことスレイマンが、キャトー＝ハネに赴く途中、この墓地のあたりを通りすぎたさい、わが子の墓に向かって、「叛逆者よ、汝は王者たらんとするか、死者たらんとするか。」とつぶやいたところ、王子の墓から一陣の黒い煙がまきあがり、このため馬は驚いて乗り手をふり落とした。同時に大臣のリュステム＝パシャの顔が真黒く変じた。スレイマンはその日から痛風となり、リュステムの顔には七〇日間も黒い色が残った。スレイマンは、リュステムのわなにかかって王子を死に追いやったことをはっきり知ったという。この説話から推して、市民たちは、バヤジット事件でもリュステム＝パシャが何かかかわりあいを持っていたと信じていた模様である。

イスタンブールの繁栄

❖スレイマニエ大寺院の落慶

イスタンブールの歴史は、スルタンの生活を物語る歴史であり、美麗なたたずまいをみせる大小のモスク、ひっそりしたテュルベ、さらに人々の雑踏するチャルシュ〔バザール〕などの織りなす歴史でもある。郊外にあって、糸杉の亭々《ていてい》とそびえる間に点在する墳墓も、かつてイスタンブールで生活した人々の歴史をになっている。とりわけ、モスクのうちでも規模結構の大きな回教寺院をジャーミィと呼ぶが、ジャーミィは、いずれもオスマン王朝と深いつながりをもっている。

一六世紀のちょうど中ごろのこと、エスキーサライ〔現在のイスタンブール大学の構内〕として知られる地域の広い庭の北側にあって、金角湾を一望できる小高い丘陵の上に、大きなジャーミィが構築された。

現在でも、イスタンブールを訪れる人々の目にきわ立って目に映ずる建造物は、金角湾を前

ミフリマ゠ジャーミィ　Alamy 提供

景として、セント゠ソフィア大寺院と肩を並べて美しいドームのたたずまいをみせている、このスレイマニエ大寺院のシルエットである。

このジャーミィは、その名称が示すように、当時の大宰相やシェイヒュル゠イスラム以下の全宮廷吏僚が賛助者となって、敬愛するスルタンにささげるために、一五五〇年五月二四日に着工したもので、その後、六か年の歳月を費やして、あたかもスレイマンの最大・最強の敵者カール五世の逝去した一五五六年に竣工をみたもので、八月一五日に落慶のための式典があげられている。この大寺院の構築工事の設計と監督に当たったものは、当時の建築界の巨匠コジャ゠ミムマル゠スイナンで、工費は三千八〇〇万アクチェ、これをヴェネツィア金貨に換算すると七〇万ドュカットと推定されている。この大寺院が最終的に完成をみたのは、一五五八年のことといわれている。落慶式には、各地域から慶祝の使節が参集し、不和なイランからも特使が派遣されている。その際、シャー゠タフマスプは、珍稀な聖典クルアーンの写本など貴重品から成る献上品を携行させている。スレイマニエ大寺院に付設するメドレセ〔高等学林〕は、当代の最高水準の学府を示し、そこに集まる碩学《せきがく》は当代随一の学者群であった。

なおスレイマンは、さらに六つの建造物を造営することを命じた。父セリム一世のために「スルタン-セリム-ジャーミィ」〔ジャーミィは大回教寺院〕、王子の一人メフメットのために「シェフザーデ-ジャーミィ」、ロクソラーナのために「ハセキ-ジャーミィ」、息女のために「ミフリマ-ジャーミィ」などを建設している。現在、スレイマニエ大寺院の背後の一角つまりイスタンブール大学法学部の後庭に面して、スレイマンと一五五八年に逝去した妃のロクソラーナの永眠するテュルベ〔墓所〕がある。スレイマニエは、イスタンブールにおける大建築の進捗した活動期のシンボルといってよいであろう。

❖イスタンブールの繁栄

スレイマンの時代は、トルコにおける都市人口の集中が目だっている。一五二〇〜三〇年ごろから七〇〜八〇年代に至る人口の増加率を統計的にながめると、イスタンブールの人口は、約半世紀の間に七五パーセントの増加、約四〇万から七〇万に膨張している。

これを地方都市、ブルサ、エディルネ、アンカラ、コニア、デヤルベクル、トカットなどに

スレイマニエ大寺院

みられる九〇パーセントに近い増加率と比較すると、やや低いようであるが、それでもスレイマンの治世のイスタンブールの都市人口は、約七〇万と踏むことができ〔現在約一五〇〇万〕、オスマン帝国の心臓部としての大都市に成長しつつあったことが知られる。

このころのトルコ都市の状況は、必ずしも充実したものとはいえなかったが、手工業や商業取り引きの面でも著しい発展ぶりを証拠立てることができる。このころのトルコの手工業といえば、海陸用の武具作製、金属加工、木材工芸、建築業、陶磁器・彩色タイル業、皮革なめし業、木綿・絹・亜麻などの実用的・工芸的な繊維織物、絨緞製造などが主要なものであり、絹織物といえば、ブルサ、アマスィア、木綿織物といえばシウアス、アンカラ、アダナ、なめし革といえば、コニア、アクシェヒル、カイセリなどが著名な生産地であった。

では、スレイマンの治世におけるイスタンブールの流通経済や生産活動はどのような状況にあったか。ヴェネツィア人の観測によると、スレイマンの通商政策は、イスタンブールを世界における香辛料の一大センターに仕立てることにあったという。東方からカイロやダマスクスに搬入される香辛料の

アナトリア文明博物館　アフロ提供

大半は、トルコの市場、とりわけブルサとイスタンブールに集中的に搬入され、この地方から欧州各地域に再搬出されたという。ここでは、重厚な、オスマン経済をささえるそうした国際的通商と並んで、国内経済において重要な役割を果たした、一般にエスナーフ、ときには〝ヒルフェト〟ないしは〝ロンジャ〟と呼ばれる手工業に従事する職人や商人たちの同業組合について述べよう。同業組合は、欧州流にいえばギルドでわが国の「座」に当たる。一七世紀のイスタンブールでは、ギルドの総数は七〇〇以上あったといわれているが、あらゆる種類の職人や商人層を含んでいた。スレイマンの治世においても、ほぼ同様の状況ではなかったかと思われる。

ギルドの種目としては、調理人、にんにく商、辛子《からし》づくり、シャベットづくり、製粉業、魚屋、織物業、蜂蜜売り、麺麭《パン》屋、穀類商、バターづくり、醸造業、鍛冶屋、金物屋、肉屋、剥製《はくせい》屋、毛皮商、なめし革工、靴屋、衣服仕立屋、船頭、船大工など、さまざまであった。

ギルドのパレード

ギルドの構成は、ビザンティン時代のそれを模したものといわれるが、欧州のギルドと同じように親方《ウスタ》、渡り職人《カルファ》、徒弟《チラク》の三層から成り、親方は多年にわたる修業ののち出世してその地位をえた。カルファはウスタに従い、チラクはその双方に従う点で、欧州のそれと類似性があり、生産、労働、技術保存、販売の統制、商業機密の保持、徒弟の年季奉公、親方の選びかたなど、かなりよく似ていた。各ギルドはスルタンから免許状を与えられ、地区の法官《カーディ》、都市吏員《ムフテシブ》、監察吏《エミン》などを通じて、オスマン政府からさまざまな形で統制をうけていた。

彼らの間には特殊な慣習法があって、興味ある儀礼や作法、ないしは生活の様式が見いだされる。ギルドの指導者兼代表者は、親方同士間の互選で選び出されて、ギルド内部で大きな権限をふるい、たとえば構成員の集会や饗宴などを司り、秩序維持のために懲罰の権利をも保持した。一方、政府の認可をえて構成員の日常の行為を取り締り、税を政府に納入するために、構成員から分担金を集める義務を負っていた。なお各ギルドは、守り本尊として業務上のパトロンをもち、特定の聖者を崇拝していた。時折、展開する華麗《かれい》な祭典パレードは、首都名物の一つであった。

要するに、文化的にはビザンティンの伝統とイスラム文物の融合地点として、政治的には大帝国の神経中枢部として、また経済的には一大通商センターとして、成長拡大しつつあるイスタンブールこそ、スレイマンの盛世を表徴するにふさわしい姿ではなかったかと思われる。

❖オスマンの文化

英国のトルコ史研究者ポール＝コールスは、『欧州に対するオットマンの衝撃』（一九六八年）というセンセーショナルな表題の著述のなかで、

「ウレマ〔回教神学者〕の階層秩序を強化したスレイマンは、正統派《スンニー》神学の教義を政府自体よりも重くみた。しかも、このような措置の結果は、ウレマとデルヴィシュ〔異端ムスリムの伝統をひく神秘主義修道士〕とのあいだの間隔を広げてしまった。スレイマンの立法は帝国

の知的生活を固定化し、それを自己満足のわくのなかにはめ込んでしまった……」と述べているが、諸制度の完成期に当たる治世の常態として、そのような傾向がスレイマンの治世下にあらわれたとしてもふしぎではない。さればといって、

「トルコ人は腕は立つが、非芸術的で俗っぽくて勇敢だ。さほど魅力的でない形でイスラムを再生したのがトルコ人だ。」

と、きめつけてかかる欧人側の先入観のほうも、にわかにうなずけない。実証的な史実のうえに立ってながめれば、スレイマン時代の文化の諸相は、この事を強く否定するからである。こころみに、建築・造営、工芸、書道、絵画、詩文学の面を例にとってみよう。

まず、建築面では、上述の如くスレイマニエ大寺院（現存）などにみられるような、優美かつ壮麗な大モスクの造営などがみられる。

元来オスマン建築の様式は、アナドル＝セルジューク王朝の後を受けて小アジアのブルサに始まり、イスタンブールにおいて大成をみたものであるが、斯界《しかい》の巨匠を代表する建築家にコジャ＝ミムマル＝スイナン（一四九〇～一五八八）がある。トルコのミケランジェロといわれるほどの人物で、小アジアやバルカンにかけて有名な都市に百余の造営物を残しており、イスタンブールのスレイマニエ大寺院をはじめ、マニサのムラディエ－ジャーミィ、それにエディルネのセリミエ－ジャーミィを建立したスケールの大きい大建築家として、トルコ史の上で名高

い。

詩文学の面では、フズリー（一四八〇〜一五五六）やバーキ（一五二七〜一六〇〇）などの文芸活動が目立ち、フズリーが激しい情熱詩人であるとすれば、バーキは哀歌調の作品と用語の清純さをもって名高い。フズリーは、本名はメフメットでオグーズ＝トルクメン族の一集団バヤト族の出身といわれるが、メソポタミアのケルベラ生まれ、ヒラやバグダードで生活し、トルコ語のほかにペルシャ語やアラビア語を駆使して作詩し、有名な三個の詩集が残されている。トルコではチャガタイ詩人のアリ＝シール＝ネヴァイ、初期オスマン詩人ユヌス＝エムレ、チュリップ時代（一八世紀初頭）の詩人ネディムなどと並び称せられる知名詩人となっている。

バーキは、本名マフムト＝アブドュル＝バーキで、イスタンブールのファティヒ＝ジャーミィ〔メフメット二世のための大回教寺院〕に奉仕する清貧なるムエッズイン〔役僧〕の息子であった。スレイマンをして「わが治世にバーキが名声を博したことを誇りとする。」といわしめているほどの大詩人であった。

音楽家としては、王子メフメットに仕えたメヒテル＝バシ〔楽団指揮者〕のネフィリ＝ベフラム＝アー（?〜一五六〇）や、ハッサン＝ジャン＝チェレビィ（一四九〇?〜一五六七ごろ）などの名家が輩出した。楽器の作制も行なわれた。楽器の種類は豊富で、吹奏楽器・絃楽器・打楽器などがあった。

すぐれた能書家としてはカラヒサリ＝アフメット＝シェムスティン＝エフェンディ（一四六八〜一五五六）があり、ミニアチュール芸術の分野では、べヘザート（一四五五〜一五三七）の作風、いわゆるヘラート画派の影響を強く受けているのが印象的である。

学問分野で特に述べておきたいことは、スレイマニエ大寺院付設のメドレセ〔高等学林〕の地位である。このメドレセには、今日のことばでいえば、学部に相当する四つの部門があった。総じていえば、幾何学、算数、天地博物誌《コスモグラフィ》、修辞学文法などに関する首都教育センターであり、ここで所定の学問を修めた者は、カーディ‐アスケルの台帳に登録され、将来メドレセ〔高等学林〕の教師として、また法官《カーディ》などに任用される道が開かれていた。

また数学や医学については、社

軍楽隊

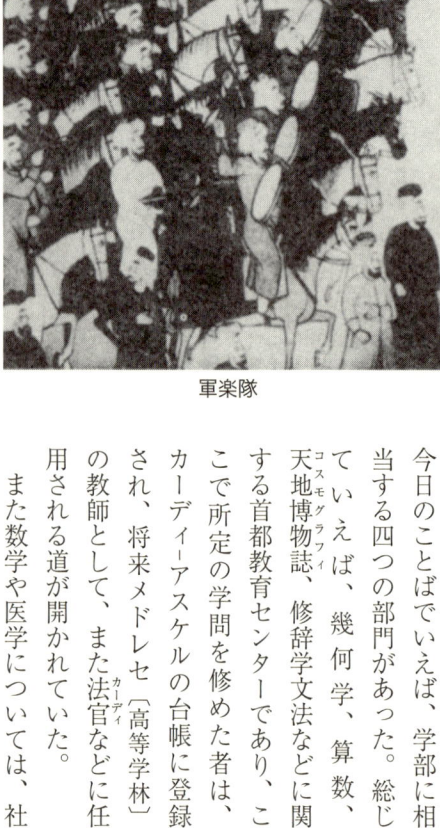

会的な要請もあって特定のエリートを対象に斯道《しどう》のエキスパートを養成するための部門が開設されていた。スレイマニエ大寺院のメドレセの一部門は、この目的にそうためのものであった。総じてオスマン文化創造の面で、また精神的な昇華の面で、さらにまた、技術向上の面で貢献度の高い施設であったといえよう。

オスマンの封土

❖ティマールとサンジャクベイ

スレイマンの時代は、オスマン帝国にとって封建制度が確立し、完成した時期に当たっている。オスマン封建制度については時折、関連的に触れておいたが、ここで一括要約するとしよう。オスマン封建制度は、一名ティマール制と呼ばれているが、おおまかにいって、小封土をティマール、中封土をゼアメット、大封土をハッスと呼び、ハッスのうちには、スルタンの御料地や大臣《ウエズイル》などの妥邑地《さいゆう》その他が含まれていた。そうしたさまざまの名称で呼ばれる封土から得られる収入は、アクチェないしアスペル価格で算定されるのが常で、封建領主であり軍事領袖である階層のディルリックつまり俸禄ないし知行に当てられていた。知行のうちでも最も重要な収入財源となるものは、村落農民の生産する収穫物に対して課せられる「十分の一税《ユシール》」〔アラビア語のウシール、実際には十分の一を上まわる税率〕と名づけられるもので、イスラムの聖法によって定められた著名な租税体系に属していた。このような知行の収入財源となるべき

シェフザーデ寺院（スレイマンが息子のために建てたもの）　アフロ提供

封土の性格について、改めて説明しておくと、土地用益権を永貸与する形でスルタンから分かち与えられる国有地《ミリー》の一部で、永貸与する権限は、ただスルタンだけが自分の掌中に握り、このような用益権を領主の男系子孫に相続させることを許すが、世襲貴族として存在することは認めないのが普通であった。領主は、スルタンの命令に基づいて、保有する封土の面積、規模、価値に応じて一定数量の武装兵力〔エヤレット、アスケリ〕をスルタンないし中央政府に対して供出することが義務づけられていた。

このようなやりかたは、セルジューク朝のイクタと呼ばれる制度や、ビザンティン帝国の封建制のうちに先例が見い出される。したがってオスマン国家の封建制度といっても、それ以前のものとは相異する格別画期的な意味合いを持つものではなかったといえよう。

そもそもオスマン国家の初期において封土が設定される時、アナトリアに乱立する小王朝とでもいうべき、もろもろのベイリック（君侯領）は早晩淘汰《とうた》される宿命のもとにあったが、在地土豪や、軍事的領袖たちは、オスマン王朝に対する貢献度に応じてティマールをスルタンから与えられた。アナトリアのみならずシリア方面に存在する若干のトルクメン系遊牧集団の指導者たちもまた、ティマールを授与される対象となった。しかも、それらの者は、順次オスマン帝国の支配体制のなかに組み入れられる仕組みになっていた。当初のころ、ティマールを授与された者のうちには、ギリシア正教徒がかなりまじっていた形跡があるが、スレイマンの治世ころには、もはやそうしたものの数はきわめて僅かになっており、ほとんどがイスラム教に改宗し終わっているかのように思われる。

さて、スルタンは封土を割りあてるに際して、各封土の租税収入を算定する必要があったので、各属州について綿密な調査を行なった。この目的のため各地域に差し向けられた吏僚たちは、村落農民の人口、土地の肥沃度、穀物の種類、家畜の数などを点検して歩き、その結果をいちいち記録した。

このようにしてでき上がった登録簿は、一四世紀頃からすでに散見しており、現在でもかなり残存していて、土地制度に関する膨大な資料を提供しているのである。

総じて、ティマール、ゼアメットの区別は、おもに租税収入額の差、ひと口にいって財政的なものであるが、それらの封土は、イスタンブール中央政府の直轄下にある地域にだけ置かれたもので、それ以外の地域には置かれなかった。

そうした封土は、形の上では帝国の基礎的な軍事的、民治行政的な単位ともいうべきサンジャクのうちに包括されていた。サンジャクとは、本来、軍旗を意味しているが、やがて転じて小さな州ないし県ほどの意味をもつようになった。

このようなサンジャクを統括する知事兼軍司令官がサンジャクベイで、時にアラビア語でミール-リウァスということもあった。

サンジャクベイは、スルタンの手足となるべき重要な責任を負い、戦時中には封建騎士団を指揮し、平時には治安の維持や、地方行政を管理する権限が与えられ、また、各サンジャクのカヌーン〔法規〕に基づき法律上の権限を行使し、それに対応しての責任を負っていた。

サンジャクベイは、軍旗と、笛、ホルン、太鼓、シンバルなどより成る特殊の軍楽隊を保有することで有名であった。軍旗は、他のスルタンの吏僚と区別するために使用された。オスマン帝国の初期において、このようなサンジャクベイらを統括するために二個のベイレルベイが設置された。一つはアジア領、他の一つは欧領に置かれた。

ベイレルベイの語義は、ベイの中のベイという程の意味でアラビア語を使って、ミールミランとも呼ばれることもあった。

だが、コンスタンティノープルの攻略、エジプトの征服などを経て北アフリカに帝国の領土が拡大するにつれて、ベイレルベイの数は次第に増加していき、スレイマンの治世には、既述

〔一三七頁参照〕の如き数多くのベイレルベイ領が生まれたのである。

❖一六世紀の状況

ここでスレイマン時代における封土の分布状況を一瞥《べっ》するとしよう。それにはオーストリアのオスマン史家ハンマー＝ブルグシュタールの『オスマン国家における法と行政』〔一八一五年ウィーン〕と呼ばれる古典的名著のなかに指摘されている数字や、上述のエウレヤ＝チェレビィの『セアハト-ナーメ』〔旅行の書〕のなかに記載される数字を参照するのが最も手っ取り早い。ハンマーのそれは、おびただしい分量のカヌーン〔スルタン発布の法規〕、フェトウァ〔シェイヒュル、イスラムの教書〕ミュルテカ〔イスラム法に関する著名な著述〕の抜粋などを典拠とするものであり、エウレヤ＝チェレビィのそれは、この点に関する限り信頼度の高いものとされている。

それらの記述によって、代表的なものとしてルメリーのベイレルベイ領〔ベイレルベイの駐在地ソフィア〕とアナドルのベイレルベイ領〔ベイレルベイの駐在地キュタヒア〕のそれを例にとると、前者には、二四のサンジャク、一二、二七〇のゼアメット、一二、三七七のティマール、後者には、一四のサンジャク、三九九のゼアメット、五、五八九のティマールが含まれていた。

その他の地域に分布するベイレルベイ領に含まれるサンジャクや、ゼアメット、ティマールなどの数を合算すると、封土の数量は相当数を示すはずである。

❖農民の生活

ここにひるがえって、社会経済的な見地からながめると、スレイマン時代のオスマン社会には、およそ三つの伝統的なグループが併在していた。そのうちの、第一グループは、ユーリュックと汎称《はんしょう》される遊牧民の集団で、東部アナトリアとアラブ地域に数多くみられたが、彼らは、時折、定住民を掠奪したり、政府の徴税の妨げをしたりする行動に出て、社会秩序に脅威を与えることが少くなかった。

オスマン政府は、対応措置として報復的な攻撃を加えたり、人質を取ったり、時にまた、懐柔策のためにディルリック〔知行〕を与えたり、時にまた、街道筋に当たる新開墾の村落に入植を命じたり、さまざまの手段で指導者たるボイ－ベイ〔族長〕たちの行動を制肘《せいちゅう》する必要があった。

第二のグループは、ここに触れようとする村落農民である。このグループはこの帝国のバックボーンともいうべき穀物生産に従事する階層であった。

彼らはミリー〔本来は国有地〕やワクフ〔寺領〕に属する耕地を耕作していた。欧州、アジア領を問わずオスマン帝国の領土は地形と気候とに左右される度合いが大きかった。各地域で生産される穀物はそれぞれの需要をみたすに足り、農業生産についていえば、一六世紀には自給自足を維持できた。余剰分は輸出にまわすことも可能であった。

しかも、村落農民の生活水準は決して高かったとはいえず、また、耕作技術もプリムティヴなものであり、耕具は、鋤《すき》、鍬《くわ》、脱穀機などすべてが自家製であり、しかも木造が多かったのである。使用する耕牛は、お世辞にも堂々たる体躯《たいく》とはいえなかった。

村落農民が生活し起居する宅地は、ミュルクの名目のもとに私有を認められていた。農民は早起きで、早朝から野良《のら》仕事に精を出し、小量の焼いたパン、乾燥肉、時たま羊肉、ヨーグルト、蜜、チーズ、葡萄《ぶどう》、その他若干の果物、野菜などを常食としていたようである。彼らが農業生産面でオスマン帝国を支える柱であった。

第三のグループは、手工業者や商人などの土着産業に従事する階層で、都市や町に居住していた。前者は、さまざまの制約を受けながらも伝統的な慣行に従い、強い団結力をもち続けながら職人や技工として働いていた。後者は、都市や町の一角に市場《チャルシュ》を設け、そのうちの一定の区画で店舗をもち顧客相手に各自がめいめいに商売を営んでいた。

なお地方都市や町には、行政管理に関与する吏員や、時に常備軍団の分遣隊などが配置されていた。

よく、中世以来のイスラム文化は都市文化だといわれているが、封建制度についてながめる場合には穀物の生産を担う農民層の生活が浮き彫りにされてくるのである。

❖ティマール制の変容

ところで、時代の推進に伴ってティマールやゼアメットなどにもさまざまな変化が生じた。一五世紀の後半頃から新しい重火器が出現するにつれて、大きな変化が戦略、戦術の上にも見られ、「征服時代」〔オスマン生長期〕に活躍した騎士という兵種は、次第にその重要性を失っていき、代わって歩兵や砲兵の比重が高まり、しかも組織化がいっそう進んで常備軍団化される傾向が強まっていった。堅固な城砦を撃破する作戦には砲兵の存在はなくてはならないものとなってきた。

このような状況の変化のため、スルタンたちは、軍事上、従前からある封土の組織に依存することができなくなっていった。

スルタンは、常備軍団を維持するために必要なものは、封建騎士による奉仕ではなく、むしろ直接収入であった。一六世紀において、スルタンの方針は、この状況の変化に対応しはじめていた。

スレイマンの治世に、スルタンの御料地たるハッスに対する地租取り立ては、従来の徴税官に代わってミュルテザムと呼ばれる地租取り立て請負人に委任された。委任された土地はイルテザムと呼ばれて税収入の主要財源となった。このような徴税様式は、やがて、御料地、妥邑《さいゆう》地《ち》のみならず、一般の封土、さらにワクフにまでも推しひろめられていった。

この意味からながめて封土の管理に関する制度上に改変が見えはじめ、それが、実質上、経済的な、社会的な変貌を招くそもそもの糸口は、スレイマンの晩年、一六世紀の後半に見出されるといえる。

やがて一七～八世紀になると、イルテザムは、地方豪紳、具体的には、サンジャクの管轄下にあるカーザ〔郡に当る〕を根城《ねじろ》とするアヤーンやデレベイ〔文字通りには谷間の君侯〕といった地方実力者の掌中に移行していく。

彼らはさまざまな手段を弄して、封土の支配権を奪い、アナトリアやルメリーの一角において台頭しはじめた。

この段階に出てくるアヤーンとデレベイとの間には、はっきりした区別は見い出し難いが、いずれも私兵を擁して、地域別に政治、経済的な影響力を拡大した点では変わりがなく、地方政府は、次第に彼らの掌中に握られることになり、アヤーンやデレベイらには、中央政府からパシャの称号を与えられるまでの存在にのし上がった。彼らの強大化は、遠心作用を促進して中央政府の無力化に拍車を掛けることとなる。

なお、アナトリアで有名なデレベイには、アイドン、マニサ、サルハーンなどの重要な地区に支配権を振うカラ＝オスマン＝オウル家、ヨズガット、カイセリ、アマスィア、アンカラ方面の地域で支配権を振うチャパン＝オウル家、黒海沿岸のトラブゾン地区で支配権を振うジャニクリ＝オウル＝ハッジ＝アリ＝パシャ＝オウル家などがあった。

ルメリー地区ではルスチュクのアレムダル＝ムスタファ＝パシャや、ジャニナ〔エピルスのヤニナ〕のアリ＝パシャ〔アレキサンドル＝デュマの小説『モンテ＝クリスト伯』に出てくる〕などがあった。

トルコの現代史家が帝政ロシアのピョートル大帝に比較するオスマン＝スルタン、マフムト二世（一八〇七～一八三九年）が、伝統的なフランスとの友好関係の中絶、エジプトでのメフメット＝アリー政権の自立、アラビア半島におけるワハビズム勢力の台頭、さてはロシアとの交戦など実に多事多端の折に、伝統的なカプクル制やティマール制の廃止、いわゆるトルコの「廃藩置県」を断行したのは、よくよくのことで、諸州に対して再び中央の支配力を強めたい切なる要望のためであった。

このようなオスマン帝国の基本体制につながる土地の管理方式に大きな変化が生ずる、そもそもの萌芽は、スレイマンの治世に芽ばえていたのである。

スレイマンの追憶

❖スレイマン以後

スレイマンはオスマン王朝にとっては、まさしく理想的王者ともいうべき大スルタンのイメージを持っていた。したがって、それだけに後世の為政者にとっては憧憬の的《まと》でもあり、施政のものさしでもあった。

諸般の事情で、オスマン帝国で、行政管理面での非能率化や、弛緩《しかん》が見えはじめ、軍事面で規律の乱れが顕著となるにおよんで、刷新や改革が叫ばれる場合、政治的な〝合言葉〟となったものは〝スレイマンのカヌーンに帰れ！〟ということであった。

この合言葉のあらわれるいきさつについて一通り触れる必要があるようだ。

さて、スレイマンの後継者である王子セリムは即位とともにセリム二世を名のったが、この新スルタンが放縦にして全く非ムスリム的な飲酒の性癖のゆえに、トルコ人からは「酔いどれスルタン」と呼ばれ、欧州人からは「暗君」という誠に芳しくない渾名《あだな》をつけられたほどで、七一歳の高齢をもってして最後のハンガリー遠征に出撃して、陣頭指揮にあたり、シゲトヴァルで陣没するといった気概にあふれる父スレイマン大帝とは全く対照的であった。

したがって、スレイマンの逝去の年に当たる一五六六年をもって、オスマン帝国は〝降《くだ》り坂〟に向かった時点と見なす向きもある。

ただしこの日付は、どこまでも便宜的なものにすぎない。歴史は、それほど単純に割り切れるものではないからである。いうなれば、スレイマンの逝去という時点では、オスマン帝国は、それほど、ぼろを外部に対して示すことなく済んだ。それというのも、スレイマン時代の余光とでもいうべきか。有能な大宰相、たとえば、ソコルル＝メフメット＝パシャの如き、またその他軍事面では、有能な武将が健在で、内部欠陥を十分にカバーしてくれたからである。もしもこのイスラム大帝国の保有する重要な属州領土の喪失という事態をもって国運衰頽《すいたい》へのバロメーターとするならば、オスマン帝国がハンガリーとトランシルヴァニアを手放した一六九九年のカルロフチヤ（カルロヴィッツ）条約の発効の時点こそ、きわめてはっきりした衰頽への決定的な転回点であった。

しかし、もし単に領土の分割と喪失という事態よりも、内部的な衰えを指標とすれば、それ以前にすでに兆候は始まっていたといえよう。

その萌芽が、スレイマン大帝の治世にまで溯《さかのぼ》りうるかもしれないという者もある。

ルスティム=パシャのモスクのミフラブ

このことは、どこまでも照準の合わせかた如何の問題である。それぞれの時代に対して、歴史的な論評を加えんとするオスマン時代の歴史家の見解によると、スレイマン時代において無秩序を生み出すべき根因がつきとめられるとしている。たとえば一六三〇年頃、当時の碩学コチィ＝ベイの解釈では、スレイマンの治世に見られる軍事的、行政的な欠陥についてとくに注目しているのが気になる。

もっとも、このような論評家にとって、伝統的な秩序からの些細なずれをもってしても衰頽の兆候と受けとる傾向がない訳ではないので、時と場合によっては割り引きしてながめる必要もある。

❖国力の沈降

オスマン帝国では、一五七九年以後、一六八三年まで停滞時代と呼ばれる〝中だるみ〟の時期にはいるが、キョプリュリュ宰相家の登場とその武断的な政策の推進によって一時活力の回復が行なわれ、内政面での汚職や腐敗にメスを入れることによって、しばしの間、沈降を喰い止めることができた。だがこのことは、どこまでも一時的な歯留《はど》めでしかなかった。

概して、この大帝国の〝じり貧〟的な沈降は、約三世紀余の長期にわたっての歳月がみられるのであり、やがて加速度的に全身衰弱の症状に落ち込んでいくからである。そうした沈降は、スレイマンの盛世を知る者にとっては、隔世の感を抱かしめるようなあまりにもひどい格差であった。

単に政治的沈降という点からいえば、他のイスラム国家、たとえば、イラン、ムガル〔インド〕、モロッコなどと比較すると、オスマン帝国の方が、まだしも強力であり、政治的生命も長く、中近東の歴史の上では、栄光に輝いていたともいえるのではないか。

しかし、もっとも、それはイスラム諸国間の関係においていえることであり、キリスト教欧州の隣接諸邦との関係においては、年々歳々落ち込んでいく度合がひどかった。

このようなオスマン帝国の国力の停滞、停滞から衰頽への行程については、さまざまな要因があげられているが、社会・経済史の面や、政治史の面での因果関係、あるいは相互作用については、いまだに明快な説明が尽くされているとはいえないのである。

❖ 西欧との対比

オスマン側の政治的、軍事的な優位体制が、切り崩されていく要因としては、まず挙げられるものは、欧州側の発展ぶりである。一七世紀から一八世紀の期間にオスマン帝国の西方に当たる外側においてのさまざまな変化には、まさしく刮目《かつもく》に価するものがあった。

まず大西洋沿岸諸国を富裕ならしめた通商面での発展は、オスマン帝国の富裕を横取りする性格を秘めていた。

さらに、欧州では農業技術面での改良が推しすすめられていた。産業面における技術革新も急速にすすんでいた。科学的な実験の進捗や、啓蒙思想の勃興にみられるような合理主義精神の発露が、いっそう産業技術の向上をもたらした。東方オスマン帝国では、そうした一連の現象はいっさいおこらなかった。

欧州方面でのこのような事態の進展は、オスマン帝国の来たるべき運命に甚大な、また、直接的な衝撃を与えずにはおかなかったのである。

欧州ではかなり強力にして中央集権化された民族国家群が、大西洋の沿岸のみならず、オスマン帝国の接壌地帯で続々と誕生しつつあった。

このような国家群は、技術的、経済的な力量を結集しつつオスマン帝国に対する反攻作戦を展開し着々と成功をおさめていた。

一方これに対して雑然と多民族を含む複合国家としてのオスマン帝国の状況はどうであったか、そこに見い出されるものは、次第に強まりゆく遠心作用だけであった。

凋頽《ちょうたい》時代にはいってのトルコでは、国家に繁栄をもたらすような企業心に富むムスリム産業資本家はついぞ生まれてこなかった。また、そうした存在が、政府や為政者を助ける動きなど、少しも見当たらなかった。

もしも、このような階層が生まれていたとしても、それは非ムスリムの商人や金融業者でしかなかった。それらはオスマン支配層を形成する既存の官僚組織にとっては、とうてい権力の一翼を担ってくれる同盟者たりえなかったのである。

欧州との対比ばかりでなく、トルコ自身の歩んだ〝過去〟との比較においても、オスマン帝国は、領土は、もとより知的にも、膨張的なエネルギーを完全に消尽していたのである。少くとも、そういい切ってよいような様相がありありとうかがわれるのである。

そのような事態が何ゆえに発生したのか、それに対する回答は複雑で、明白になしえない恨《うら》みがある。

部分的には、たしかに、この帝国の軍事面を含めての行政機構の衰弱、王朝的威信の失墜、切れ味のよい官僚群の欠除など一応あげられよう。スルタンにしても、スレイマン大帝以後の

スルタンの居間　Alamy 提供

一七代のスルタンはほとんど行政能力を欠くか、あるいは心身の消耗者ばかりであった。

しかも平均在位年代三年におよぶスルタンは一七代のうち一〇代にしかすぎない状況であった。宮廷陰謀も、ひっきりなしに行なわれた。このような環境のうちに欧州との、技術面、知的、心理的なギャップはいよいよ広がっていったのである。

❖スレイマンのカヌーンに帰れ

一八世紀の末ころ、オスマン帝国は、ほとんど国家機能は停止に近いありさまであった。シリアやルメリー地区では、有力なパシャが自立し、またエジプトではマムルーク系の貴族たちが一時独立を宣言して離反し、セルビアやギリシアでも反乱のチャンスをうかがう有様であった。

このような国運の挽回を期し、できれば往昔《おうせき》の強

セリム三世　Alamy 提供

盛を回復すべき方法として、軍事面の改革を意図し、このために、積極的に、西欧文物、とくに軍事技術を導入して、事態の改善をはかる西欧化が熱心に考慮された。

この動向を具体化したのが、スレイマン大帝以後の賢帝と云われるセリム三世（一七八九－一八〇七）であった。

このスルタンの政治理想こそ「スレイマンのカヌーンに帰れ！」ということであった。

スルタンの意図する西欧化という近代化運動と、スレイマンのカヌーンに帰れ、という復古的姿勢とは矛盾する観念のように思われる。

この場合セリム三世の心境を忖度《そんたく》すれば、国力回復のレベルをスレイマンの盛世に求めたのである。

一七九三年に始まる、このスルタンの〝新法政治－ニザムゥージェデイドー〟は、教育、産業、農業の如き国家にとっての根本問題には触れることなく、もっぱら徴税、鋳貨、封土、軍事編成、とりわけイェニチェリの改編などに取り組んだのである。

それらが、イスラム神学者《ウレマ》の頑迷な敵意や宮廷にうず巻く保守勢力の妨害、さらに一八〇五年に見られるルメリーにおけるアヤーン、デレベイの反抗気勢などで中道で挫折してしまった。

とはいえ「スレイマンのカヌーンに帰れ！」という合言葉は、一八世紀末から一九世紀にかけてオスマン諸スルタンの脳裡から去ることのない魅力ある切り札であったことを示している。これも、ひとえにスレイマンの人気につながるものといえるであろう。

むすび

拡大発展期のオスマン帝国史を通じていえることは、それぞれの時代の推進者とでもいうべきスルタンの業績に対する評価に当たっては、ガーズイ精神発露の度合い、別のことばでいえばジハードの名を冠する征服事業の成否が、一つの尺度となっていることである。

スレイマンについても、右のような評価の尺度に従って一応のバロメータを、遠征事業におくとすれば、四六年にわたる治世は、縷述《るじゅつ》の如く起伏する前後一三回に及ぶ特色ある遠征事業によって彩られている。もとより、一三というこの数字の中には、海戦の数は含まれていない。一三回のうち一〇回は欧州に対するものであり、三回はアジア方面に対するものであった。内容的に大きく別けると、ハンガリー方面に対して五回、オーストリアに三回、イランに三回、ロードス島に一回、モルダヴィアに対して一回となる。この数字はスレイマンが力点をどこに置いていたかを知らせてくれるはずである。東方からの激しい攻勢の矢面に立たされた欧州側からは、「オットマン帝国主義」の推進者という評価も生まれてくる。

好敵手カール五世は、スレイマンといつの日にか対等の条件で戦場で相まみえることを期待していたといわれる。

だが、殺風景な遠征事業ばかりがスレイマンの本領ではなかった。後世の欧州に対する影響から考えるならば、宗教文化面に対するこのスルタンの寄与が妥当に評価さるべきで、欧州の最大王朝であるハプスブルク王朝を牽制するための政治的動機に基づくとはいえ、勃興期のプロテスタント、とくにルター派に声援を送って、間接的同盟者の役割を演じたことは見のがせない。

国内的にながめても最大範囲と数多くの従属民をしたがえ、政治的にも安定した大帝国のにない手となったように、スレイマンの本領は「立法者」の渾名《あだな》が示す如く、為政者としての行政面にあり、独裁的とはいえ開明的なその政治方式と執政態度とは、当時の民衆の声望をつなぐに十分であった。

首都はじめ地方都市における経済の発達も著しく、また村落農民の生産力もあがった。少なくとも当代の東欧やハンガリーの農民よりも、トルコの農民の民度は上回るとみなされていた。またモレア〔ペロポネソス半島〕方面のギリシア系住民からは、ヴェネツィア人よりもスレイマンの支配のほうが、ましであると考えられていたふしがある。

また一六世紀という目まぐるしいばかりの動きの激しい時点において、歴史の行く手を認識して、巧みに外交的なかけひきを展開させた手腕も、けっして凡庸《ぼんよう》ではなかった。

人物の価値評価は、時代により立場によって相異し、けっして一様でないが、トルコ国民の胸の中に好感をもって現在でも生き続ける名前がスレイマンである。

しかしながら持ち前の豊かな人間味が裏目に出て、かえってハレムの術策に乗ぜられるなど、長い目でみると、王朝自体を下り坂に向かわしめる種子を播《ま》いたマイナス面もあるが、ともかくも、繁栄時代をつくりあげたスケールの大きいスルタンであったことだけは確かである。

一六世紀の世界史のうち、東洋と西洋との中間帯にあって、ほんのわずかしか顔をのぞかせない部分を、スレイマンの人物と業績とを通して浮き彫りにしようというのが、この書冊のねらいである。果たしてその意図が生かされたであろうか。

年譜

西暦	年齢	スレイマン大帝およびその関係史	世界の情勢
一四九四		スレイマン生まれる	
一五二〇		セリム一世死ぬ	
	二六	スレイマン一世即位	
		ガザリーのシリアにおける反乱	
一五二一	二七	スレイマン、第一回欧州遠征。シャバツ、ベオグラードの攻略	コルテス、メキシコ征服
一五二二	二八	ロードス島の包囲と攻略	騎士戦争、
			マゼラン世界一周
一五二三	二九	ローマ教皇アドリアヌス六世の死去とクレメンチウス七世の選立	ドイツ農民戦争、スウェーデン独立
一五二四		アフメット＝パシャのエジプトにおける反乱	
一五二五	三一	神聖ローマ皇帝カール五世とフランス王フランソワ一世のパヴィア（北イタリア）での戦い。トルコとポーランド間の友好関係成立	
一五二六		カール五世とフランソワ一世との間でマドリード条約成立	インド、ムガル帝国成立
		スレイマンのハンガリー遠征、第二次欧州遠征、ペトロワルダインの攻略	
	三二	モハッチの戦い、ハンガリー王ラヨシ二世の戦死	

一五二六		ハプスブルク王朝のフェルディナント大公（プレスブルクにて）と、トランシルヴァニア君主サポヤイ＝ヤーノシュ（トカイにて）同時にハンガリー王となる	
一五二七		サポヤイ＝ヤーノシュ、フェルディナントに敗れる	
一五二七	三三	カラマン（小アジア）君侯の反乱 スレイマン、神聖ローマ皇帝カール五世に従属する地域を略奪	
一五二七〜二八		フランス王、イスタンブールに使節を派遣レヴァント地域の事態に関してトルコとフランス間に協定成立	
一五二九	三五	スレイマン、ウィーンを包囲攻撃。第三次欧州遠征 スレイマン、サポヤイ＝ヤーノシュをハンガリー王に擁立	
一五三〇		カール五世、ボロニアにてイタリア王の王冠を着用	
一五三二	三八	スレイマン、第四次欧州遠征ギュンス包囲 ジェノアの提督アンドレア＝ドリアがパトラスおよびレパントゥ湾に来襲	
一五三三	三九	スレイマン、ハンガリーに関するハプスブルク王朝とサポヤイ王朝間の関係調整のためフェルディナント大公と協定を結ぶ 北シリアのアレッポをイブラヒム＝パシャ（大宰相）が占領 バルバロス＝ハイレッディン＝パシャ、北ティルレンノでキリスト教系海賊と戦う	イワン四世即位
一五三四	四〇	バルバロス、スレイマンの名のもとにチュニスを平定 スレイマン、イランのシャー＝タフマスプと戦う スレイマン、タブリーズを占領 スレイマン、バグダードに入城	

一五三五	四一	スレイマン、フランソワ一世との間で攻守および関係調整と通商のための協定を結ぶ カール五世とアンドレア=ドリアの最初のアフリカ遠征	
一五三六		大宰相イブラヒム=パシャの死 エジプトにおけるトルコのベイレルベイ ハドム=スレイマン=パシャの東方遠征 アデン占領 インド西海岸にあるスペインの植民地ディユを急襲	
一五三七		オスマン軍団、海陸からエチオピア遠征 バルバロス、ヴェネツィア領コルフ島（アドリア海）を包囲 オスマン艦隊エーゲ海にあるヴェネツィア領島嶼を占領	
一五三八		バルバロス、アンドレア=ドリア指揮下のカトリック連合艦隊をアルタ湾プレヴェザにて敗る。ドリア逃走 モルダヴィアで反乱が勃発したが、ふたたびオスマン帝国に従属	
一五三九		サポヤイ=ヤーノシュ、ポーランド王ジギスムントの息女イサベラと結婚 バルバロス、ダルマティアのカスレルヌヴォ再征服 スレイマンとヴェネツィアとの間で協定成立	
一五四〇	四六	サポヤイ=ヤーノシュ死ぬ スレイマン、サポヤイの継嗣をハンガリー王として承認	ジェスイット教団、教皇に公認さる
一五四一	四七	スレイマン、ハンガリー遠征（第五次） ハプスブルク王朝のフェルディナント大公、ブダを包囲 スレイマン救済	カルヴァン、宗教改革運動をおこす

一五四一		カール五世とアンドレア=ドリアのアフリカ遠征（第二次）	
一五四二		フェルディナント大公とサポヤイ未亡人イサベラとの間でナジ=ワラト誓約再確認	
一五四三	四九	スレイマン、ハンガリー遠征（第六次） バルバロス、イタリアの沿岸を急襲	ポルトガル人種子島に来る コペルニクス、地動説を唱える
一五四四		オスマン軍、ハンガリーのエステルゴムその他の都市を略取	
一五四五		オスマン王朝とハプスブルク王朝との間で一八か月の休戦成立	トレントの宗教会議
一五四六		バルバロス死ぬ	
一五四七	五三	トルコとハプスブルク王朝との間で休戦を更新 フェルディナント大公、スレイマンに貢税を支払うことでハンガリー王位にとどまる	
一五四八	五四	スレイマン、イラン遠征（第二次）、ヴァンを略取し、タブリーズを占領	
一五四九		エステルゴムを奪われたため、スレイマン欧州遠征（第六次）	フランシスコ=ザヴィエル鹿児島来航
一五五一		ヤフード=スイナン=パシャとトルグート=レイス、スレイマンの名でトリポリ（アフリカ）を占領。 ヤン=ジギスムント=サポヤイのトランシルヴァニア防衛を援助するためスレイマン、ハプスブルク王朝との間で紛争継続	
一五五二	五六	スレイマンとハプスブルク王朝との間で六か月の休戦なる	
一五五三	五七	王子ムスタファの処刑（シェフザーデ事件）。スレイマン、イラン遠征（第三次）	

一五五四		偽王子ムスタファ、ルメリーで反乱を起こす。スレイマン、ヤン=ジギスムント=サポヤイのためトランシルヴァニアを改めて安堵す	川中島の戦い
一五五五		ローマ教皇ユーリウス三世死ぬ。パオロ四世の選立	アウグスブルクの宗教和議
一五五六		フランスとスペインとの間でヴォスル休戦協定成る カール五世引退し、代わってハプスブルク王朝にてフィリッペ二世がスペイン王に、フェルディナント大公が神聖ローマ皇帝となる（フェルディナント一世）	アクバル帝即位
一五五八	六一	スレイマンとハプスブルク王朝との間に新しい休戦成る カール五世死ぬ スレイマンの寵妃ロクソラーナ死ぬ	エリザベス一世即位
一五五九		スレイマンの王子セリムとバヤジット、コニアで戦う	
一五六〇		ピアレ=パシャの指揮下にオスマン艦隊、フィリッペ二世およびカトリック連合艦隊とジェルベ島に戦って敗北。トルグト=レイス再びジェルベ島を領有 アンドレア=ドリア死ぬ	桶狭間の戦い
一五六一	六四	王子バヤジットの処刑（シェフザーデ事件）	
一五六四		ハプスブルク王朝フェルディナント一世死ぬ。代わってマキシミリアン二世神聖ローマ皇帝となる。 ヤン=ジギスムント=サポヤイと新帝との間に敵対関係を生ず	シェイクスピア生まれる
一五六五	七〇	スレイマン、マルタ島を攻略したが失敗	イスパニア、フィリピンを征服

一五六六	七一	スレイマンとマキシミリアン二世との間に新しい戦闘始まる スレイマン最後の遠征（第一三回の遠征） シゲトヴァルにてスレイマン死ぬ 息セリム二世即位

参考文献

『トルコの歴史』　三橋冨治男著　紀伊国屋新書　一九六五
『オスマン-トルコ史論』　三橋冨治男著　吉川弘文館　ユーラシア叢書　八　一九六六
『オスマン帝国とヨーロッパ』　三橋冨治男著　岩波講座
　世界歴史　一五、近代　二　近代世界の形成　二　一九六九
『イスラム国家の完成』　羽田　明著　岩波講座　世界歴史　八、中世二　西アジア世界　一九六九
『オスマン帝国の遺産』　護　雅夫著　（東西文明の交流3、イスラム帝国の遺産）　平凡社　一九七〇
『東欧史の構図』　鳥山成人著　岩波講座　世界歴史　一、中世　五　中世ヨーロッパ世界　一九七〇
『日本と世界の歴史』　一三　一六世紀　学習研究社　一九七〇

さくいん

【ひ・ふ】

【へ・ほ】

【ま・み】

新《しん》・人《ひと》と歴史《れきし》　拡大版《かくだいばん》　25
オスマン帝国《ていこく》の栄光《えいこう》とスレイマン大帝《たいてい》

定価はカバーに表示

2018年５月30日　　初　版　第１刷発行
2020年５月30日　　初　版　第２刷発行

著　者　　三橋《みつはし》　冨治男《ふじお》
発行者　　野村　久一郎
印刷所　　法規書籍印刷株式会社
発行所　　株式会社　**清水書院**
〒102－0072
東京都千代田区飯田橋3－11－6
電話　03－5213－7151㈹
FAX　03－5213－7160
http://www.shimizushoin.co.jp

カバー・本文基本デザイン／ペニーレイン　　DTP／株式会社 新後閑
乱丁・落丁本はお取り替えします。　ISBN978－4－389－44125－8